DE HOMBRES
Y SUS DIOSES

Guía para la domesticación humana

Escrito Por

ROBERT MAXXIM

AMAZON DIRECT PUBLISHING

Tabla De Contenidos

Tabla de Imágenes

Dedicatoria

Dedico esta narración al despertar de la humanidad y a la verdadera senda que nos llevará al concepto infinito de la creación universal. Todos somos un componente vital de la maquinaria evolutiva y unida de la creación, la cual nos sirve como una institución de aprendizaje según interactuamos durante innumerables vidas, pero no siempre vemos esa misión re-encarnativa personal ya que una falsa fachada de creencias y controles sindicalistas llamados religión la esconde detrás de relatos mitológicos, no innegables, o eventos históricos exagerados.

El pulso del mundo no es auténtico comparado con la creación, teme vivir y morir, es farsante, soberbio, embustero, agraviante, funciona en contra de la maquinaria universal, y nos guía por reglas nacidas de su propia ignorancia con un afán de seducir y subyugar al prójimo.

Que en estas palabras encuentren la evidencia y fuerza necesaria para liberarse del yugo opresor de tantas falsas creencias y tentadoras pasiones que por tanto tiempo han esclavizado a la mente humana para retenerla en un mundo lleno de hipocresía, regresivo y consumista. El mundo es hermoso, si logramos negar su pulso abrumador.

- Robert Maxxim

Prefacio

Desde el lejano e incógnito amanecer de los tiempos, el ser terrestre fijó sus vistas en la vasta creación y se preguntó, asombrado por las maravillas que percibía, quién era, por qué existía, y cómo perduraría, buscando significado e identidad dentro de los límites de su limitado juicio. En los cielos reinaban luces y señales majestuosas, brillando como poderosos dioses que vigilaban y manejaban desde lejos la vida del hombre. En los suelos terrenos abundaba tanto la fertilidad pródiga alimenticia como la aridez mortal, visto por el ser físico como un mérito consagrado o el castigo cáustico de esos enigmáticos dioses según eran adorados y correspondidos.

Ondas de diferentes conceptos devocionales prevalecieron en la mente de supuestos sabios que surgieron entre las masas con el propósito de identificar quienes eran estos místicos dioses y cuáles eran las desconocidas demandas que imponían sobre el hombre. Cada pensador desarrolló su propia interpretación sobre los fines de la creación y marcadas divisiones surgieron entre la población. De tal forma, personas de igual pensar se unieron y crearon *"sindicatos místicos"* que hoy llamamos religiones; las creencias de un grupo. Estos sindicatos se propusieron llenar esa cavidad de conocimiento humano con diversos dogmas que ellos mismos imaginaron, recurriendo a ingenuos métodos para alcanzar su objetivo incluyendo el uso de creencias prestadas que jamás fueron verificadas, la construcción de monumentos y estatuas saturadas con expresiones de sufrimiento y autoridad divina, la *"intimidación afectuosa,"* la adquisición de bienes y leyes, y su auto designación como portavoces de dioses que no existían. De ahí nació la religión; una guía para la domesticación humana.

El propósito de este libro es dar a conocer algunos detalles sobresalientes que exponen las fábulas mitológicas, añejas amenazas de sus lejanos dioses, faltas de evidencia sólida, y la manipulación de escritos antiguos que convirtieron a la religión en el negocio más lucrativo del planeta y uno de los flancos políticos más poderosos de todos los países y épocas. Billones viven bajo la custodia mental de estos sindicatos místicos, sometiendo a la humanidad a una comercializada creencia, falsa e innecesaria, bajo la disentida promesa de salvación.

La situación religiosa actual plantea la siguiente consulta, ¿qué haría usted si se demuestra que no existe evidencia o texto original respaldando la fe a la que le rinde devoción? ¿Qué pensaría al saber que muchos de los textos de su fe fueron alterados o inventados para mantener una clientela de fieles seguidores, asegurar entradas financieras, y contar con un ejército dispuesto a tumbar no solo las paredes de otras creencias sino de otras naciones y culturas?

Este libro tratará de exponer con evidencia y referencias la mentira más sobresaliente de la humanidad; la religión. Para comenzar, veremos las injusticias cometidas por la iglesia la cuál arrasó con civilizaciones enteras en todos los continentes menos Antártida, enjuiciaron y mataron a todo aquel que creía diferente sin escuchar razón o respetar el libre albedrío, y almacenaron algunas de las riquezas más extensivas de toda la historia humana hasta los tiempos presentes. Todas estas acciones de la iglesia fueron justificadas por lo que se creía ser el *"amor y mandato de Dios,"* mientras la humanidad no se daba cuenta que era usada por la avaricia de un poderío oscuro que les engañó con cuentos románticos de eventos que jamás se pudieron confirmar, escritos por fuentes desconocidas durante más de 5000 años.

La verdad de la mentira más grande de todas las épocas está a plena vista y solo cuenta con la habilidad de cada persona de detenerse por un solo instante y verla; el velo cegador de la religión.

Monumentos masivos de piedra e imágenes antiguas sobreviven alrededor de este planeta, dándonos a conocer la realidad de tradiciones y creencias pasadas las cuales eones después se transformaron en las religiones actuales. En nuestros tiempos, un total de 8 billones de seres suelen doblar sus rodillas delante de dioses que jamás han visto o tienen evidencia de sus existencias.

Más bien, rinden su fe al peso de escritos y leyendas igualmente de dudoso origen o paternidad literaria, doblegados por amenazas religiosas y la presión de miembros de la familia a someterse a su fe. Bajo el yugo mundano, la humanidad no ha tenido la valentía suficiente para ir más allá de frases desarmadoras como "*es cierto porque aquí así dice*," o "*la palabra es santa*," o "*Dios inspiró y protegió su palabra.*"

¿Quién ha sido lo suficientemente valiente para exigir evidencia profunda—que no proceda de las autoridades de su propia iglesia—sobre quién escribió, copió, mintió, y ahora se aprovecha de la asumida ineptitud espiritual que nos surtieron? El que lo ha sido, comprenderá los detalles de este libro. Los que no, abróchense los cinturones porque aquí no quedará piedra por remover y de seguro tocará varias cuerdas incómodas en su ser.

Sobre 148 millones de kilómetros cuadrados de tierra, existen más de 4000 diferentes religiones [1] de las que se dividen miles de otras sectas, cada una ofreciendo una plétora de diferentes doctrinas. La definición de la palabra religión varía entre académicos, ya que no existe un consenso sobre qué constituye una religión. Pero según el teólogo canadiense Bernard Lonergan [2], se puede decir que es un conjunto de experiencias, significados, convicciones, creencias y expresiones de un grupo, a través de las cuales sus participantes responden a sus dialécticas de auto trascendencia y relación con la divinidad. Adicionalmente, la religión incluye elementos sociales, éticos y ceremoniales sujetos a estas creencias; en su mayoría, a un precio.

El tema de la religión es bastante delicado, y muchos se ofenden en el momento que su creencia es desacreditada, debatida, o no es favorecida. Lo que comparto en este libro está basado en mi propia experiencia y estudios de la religión, mostrando evidencia para sostener no solo puntos de observación, sino también las disonancias cognitivas entre las escrituras y sus interpretaciones.

Por más de treinta años, yo funcioné detrás de un pulpito, en hospitales, y cárceles buscando darle sentido a la obra doctrinal, pero tuve que callar muchas verdades que significarían el fin a mi posición como líder eclesiástico y obrero laico si las exponía. Yo escuché las tristes oraciones y falsas convicciones de miles, yo oí rodillas crujir al tocar el suelo, y fui testigo de auto castigos diseñados para que el dolor y sufrimiento humano buscara compasión en los cielos, y un Dios sordo e indiferente le hiciera caso al fin a la necesidad personal. Sentí el peso de la ignorancia y corrupción humana mientras dignatarios eclesiásticos se divertían a bordo de barcos lujosos y aviones personales, así quemando el dinero que sus feligreses ganaban con tanto sacrificio. Fui testigo del miedo humano a la muerte y en 13 ocasiones tuve que prestar servicios a varios fieles cuya vida terminó bajo una cortina desarmada de llanto al no saber realmente como venimos, vamos, o por qué razón, dando a ver que lo que aprendieron en sus iglesias de nada les sirvió y su convicción era más falsa que un cuento de hadas.

En este libro, no solo detallo estas verdades que yo viví, sino también las compruebo con el objetivo de rescatar a la humanidad de la mentira más grande que el mundo ha conocido; la religión y su oscurecimiento del verdadero propósito y origen del alma.

La palabra religión viene del latín *"religio"* que tiene varias interpretaciones incluyendo juntar, asombro, y algo que muchos no se esperaban, el temor de un dios o espíritu. O sea, religión significa unirse para adorar a un ser por miedo.

No todas las religiones creen o adoran a un tipo de dios o espíritu, pero casi todas aceptan la existencia de un plano sobrenatural. Algunas fuentes fundamentales adoran a ciertos animales, otras a seres o espíritus impalpables, a una persona de liderazgo o prestigio que abusa de sus seguidores espiritualmente [3], mientras otras alaban a su propio ego (vanidad [4]). Algunos de los más intrigantes adoradores de sí mismo se creen ser el Creador o alguien de relevante dotación celestial, un ser extraterrestre, o fuerza energética. En fin, no todas las religiones adoran a un creador infinito o ser benigno, y muchos de sus líderes se adoran a sí mismos o a alguien más que cree tener poderes especiales.

En mi experiencia teológica, me concentré en el estudio de varias religiones y creencias, pero dos en particular llegaron a ganar mi enfoque principal por unos 50 años: el cristianismo y el judaísmo. La concentración de este libro se basará en tal enfoque.

Mi exposición a la religión comenzó a los 4 años cuando mis padres me trataron de incorporar a la iglesia católica, pero su iniciativa no tuvo el resultado que esperaban. Más bien, todo lo contrario.

Todo comenzó un soleado fin de semana. Mis padres me llevaban colgado de ambas manos, mi padre a la izquierda, mi madre a la derecha. Nos dirigíamos hacia el sureste del Vedado, Cuba por la Calle I en dirección al parque Víctor Hugo, un lugar donde me encantaba ir para correr y disfrutar de su verdor. Estábamos llegando a la esquina de la Calle 19 donde, a mi izquierda, se encontraba la iglesia San Juan de Letrán. De repente, mi padre me habló y dijo; *"Esta es la casa de Dios. Aquí vas a venir a aprender más de Él."*

Imagen 1: San Juan de Letrán (*Wikipedia*)

De repente, me entró un pánico de tal vigor que no lo puedo describir, y empecé a retorcerme en todas las direcciones bruscamente como tratando de escapar, pero mis padres me sostuvieron de las manos y no me dejaron correr.

"¡No! ¡No me lleven ahí! ¡Esa es la casa del diablo!" yo gritaba sin cesar a plena vista de devotos seguidores de esa fe, más el sacerdote quien salió a ver qué era lo que sucedía. Mis padres se fueron corrieron del lugar y me llevaron rápido al parque donde no recuerdo que más sucedió. Un tiempo después, recuerdo que mis padres me llevaron a catecismo, comunión y confirmación, pero no iba con los mejores ánimos. Cada domingo, me pesaba ir a misa y no resistía esa hora que tenía que pasar ahí. Algo me decía que lo que percibía en la iglesia no tenía nada que ver con Dios,

sino que era como un tipo de obra teatral diseñada para domesticar y controlar al público.

Finalmente, a los 13 años, tuve la oportunidad de debatir mis crecientes diferencias teológicas con un sacerdote católico en la iglesia Saint Mary of the Assumption en Whittier, California, donde fui advertido que la gente común no podía leer la biblia y comprenderla. Según él, era suficiente escuchar y seguir las reglas y tradiciones que la iglesia administraba. Para eso él estaba, no yo. Al escuchar eso, volví a sentir esa misma desesperación de chico y salí rápidamente de la iglesia, pensando qué si al irme yo estaba equivocado, Dios se encargaría de mi debido castigo. Más bien, lo opuesto sucedió. Comencé a liberarme del yugo controlador de la iglesia, y de un misterioso libro de incierto origen y autografía llamado, la biblia.

Con el pasar del tiempo, me fui dando cuenta que la religión es como una caja en la que entras y solo puedes compartir lo que hay en ella. No puedes introducir nada de afuera, menos desafiar lo que está dentro, pero sí tienes que exportar el contenido de la caja a todo el mundo. Tampoco puedes exigir evidencia de lo que te muestran, o cuestionar la autoridad de sus dirigentes. Tienes que asistir regularmente para mantener tu membresía y disponibilidad activa. Si quieres un puesto en su mesa directiva, bueno, debes aportar cierta cantidad de dinero todos los meses y participar en actividades evangélicas. Si no, no demuestras tu fe. Más, si no "ganas" almas, no serás nadie y no tendrás posición en los cielos.

La iglesia, aparte de ser un negocio, es un círculo social, o mejor dicho una "alfombra roja" de personas convencidas que son espiritualmente ineptas, pero privilegiadas de estar bajo la protección de un ser imaginario. En los ojos de tantas personas vi que escondían su subconsciencia mortífera de sí mismos para aparentar, aunque por unas pocas horas, algo que no eran. Así trataban de convencerse a sí mismos, a la iglesia, y a la creación de su santa pero falsa devoción—ya que de ninguna otra forma Dios realmente se lo confirmaba y con razón. Estas personas vivían en un triste mundo de fantasía repleto de buenas intenciones, pero pavimentando con ellas su propio camino y el de incontables almas a un infierno impío. En público, estos creyentes se jactaban de largos discursos y emocionales oraciones sobre su interminable fe, extorsionando a la creación con súplicas adormecedoras, y ofreciendo favores y sanciones personales para de esta forma obtener una salvación fugaz. Nada ha cambiado en los últimos 12.000 años. La religión sigue siendo un consuelo como una droga que limita la función cerebral e impide pensar. Por eso, la gente la busca y paga para ser drogada. Estas doctrinas religiosas son sin duda la base de la perdición humana, y muy pronto su indiscutible exterminación.

Desde el pulpito, vi las lágrimas de fieles desorientados correr, orando repetitivamente con toda su alma para que un Dios incógnito reparara gratis su lavadora de ropa, o cumpliera con un deseo personal como si la creación no supiera las necesidades de esa persona y tuviera Sus prioridades divinas todas al revés. Es como si el mucho rogar cansaría al creador hasta que les conceda sus antojos en contra de Su voluntad o prioridad. Vi las emociones ciegas de cientos de creyentes convencidos de que Jesús los salvaría y los llevaría a los cielos, aunque sus mentes no cualificaban lo más mínimo. Presencié el ego humano peleándose por tomar puestos en las directivas, odiar y juzgar a otros miembros, lucir vestimentas cada vez más llamativas, seducir a hombres o mujeres, y largar la lengua hacia las alturas para así elevar su superfluo estado mental. De nada de esto se daban cuenta y no había forma de que lo comprendieran, más bien se ofendían a la mención de ser considerados tan falsos. Después de la misa, lo que salía a las calles era una manada desbocada de socialización, festejo y modelismo mundano, olvidando la refinación de una supuesta santidad, y así demostrando sus verdaderos colores.

El velo de la mentira y el chip irreversible de la programación religiosa controlaba a estas personas y parecía que el daño doctrinal no era reversible. No veía la forma de ser escuchado y el escudo religioso se levantaba cada vez que decía algo que no estaba de acuerdo con las falsas escrituras aprobadas por la iglesia.

En mi propio hogar, la persona con la que compartía mi vida fue mi peor adversario, siempre negando las evidencias que le mostraba con feroz determinación, prefiriendo a su iglesia y amigas religiosas que la realidad doctrinal. Este libro no se hubiera logrado si todavía estuviera en esa compañía. Gracias a mi faro y amada de las épocas, este libro se escribió con toda la energía y sinceridad que requiere.

La religión era, sigue siendo, y será nada más que una obra teatral donde los actores son hipócritas, farsantes, mentirosos, engañándose y engañados desde los días de Moisés y mucho antes como verán más adelante.

Nadie se daba cuenta de las inconsistencias y los cambios que fueron hechos a las escrituras, estas estaban a plena vista, pero el nivel de hipnotismo era tal que lo podían leer mil veces y no verlo. Por igual, sus mentes no sabían lo que hacían o deseaban, repitiendo frases cambiadas, y escuchando a carismáticos y gritones pastores fumigando toda esencia de conciencia ... exigiendo dinero mientras sus dedos pesaban con la presencia de varios anillos de oro.

Nadie pedía evidencia. Nadie veía que su Dios *"Jehová"* [5] se lucraba de la angustia y la muerte humana, cuyo nombre no significaba Dios y menos *"Elohim"* [6]. Nadie se molestaba en estudiar la historia de su religión al detalle. Nadie encaraba la mentira cuando se les lanzaba. Todos estaban como muertos, asustados, y rendidos a la maquinaria financiera y controladora de la iglesia pensando que sólo así tendrían vida eterna. Adoraban y cantaban a un ser que pidió por favor no ser adorado [7], creyendo en profecías que, según ese ser, se cumplirían en 40 años [8] y no en más de 2000 como profetizó Pablo y el Apocalipsis; un ser que no dijo que regresaría [9], sino que otros Hijos de los Hombres vendrían como el brillo (*astrape*) de un amanecer (*anatole*) [10], no un relámpago. ¿A quiénes se refirió Jesús que vendrían brillando como el sol?

Después de este incidente, pasé por muchas experiencias personales, incluyendo contactos físicos y mentales con seres no de este mundo y, digamos, celestiales. Por esa razón, tomé seriamente el estudio de la teología y especialmente la biblia, llegando a servir detrás de un pulpito para mejorar el estado espiritual de aquel que me escuchara. Pero, al mismo tiempo, trataba de sacar al aire las inconsistencias y farsas de ese antiguo libro, la biblia, hasta que perdí mi puesto eclesiástico por ir en contra del "sistema." Estas farsas las documento en este libro junto con referencias, para que aquel que hoy en día cree lo que enseñan las iglesias, que piense muy bien sobre lo que cree y se libere de la mentira más grande en la historia humana; la religión.

Todos tienen el derecho de escoger sus creencias y profesarlas según el nivel de comprensión personal, pero siempre es crítico cuestionar nuestras áreas de comodidad, no entrar en estados de complacencia. Hay que verificar lo que pensamos. Se comprende que hay cosas progresivas en muchas doctrinas religiosas como no matar o robar que ayudan a la humanidad, pero el precio que se paga por estas ramas de olivo es la entrega personal a las necesidades de administradores eclesiásticos. Para una uña de verdad entre un brazo de mentiras, siempre está la opción de escuchar no a otro hombre sino a esa voz sutil, al Padre, que nos da sinceridad, verdad y sabiduría sin compromiso alguno o condena, solo libertad y amor. Confía en Él, no en otros que no meritan la sabiduría óptima de su Padre.

"¡Te lo ruego! ¡Rechaza la antigüedad, la tradición, la fe y la autoridad! ¡Empecemos de nuevo dudando de todo lo que suponemos que ha sido probado!" – Giordano Bruno.

[1]   "How many religions are there in the world." *www.learnreligions.com/how-many-religions-are-there-in-the-world-5114658*

[2]   Bernard Lonergan, *es.wikipedia.org/wiki/Religión*

[3]   *despuesdelatormenta.wixsite.com/website/post/el-narcisista-religioso-el-abuso-espiritual*

[4]   *es.wikipedia.org/wiki/Narcisismo*

[5]   Jehová (YHVH)): "quién fue, es, será," sacado de Adonai "mis señores." Etimología de Jehová, *etomologias.dechile.net*. Señor, dueño, jefe (Strong's H3068 y H3069) *www.blueletterbible.org*

[6]   *en.wikipedia.org/wiki/Elohim*. Elohim: dioses, espiritus, dignatarios, los todo poderosos

[7]   Juan 5:40-41

[8]   Mateo 24:34

[9]   Mat 24:23-26

[10]   Mateo 24:27. *"gar hosper ho astrape exerchomai apo anatole kai phaino heos dysme hoyto esomai ho parousia ho yhios anthropos esomai."* Traducido: *"como el brillo que sale del amanecer y cubre hasta la puesta del sol, así será también la venida de Hijos de Hombres."*

Capítulo I: *El Valor de Dios*

Sería apropiado ponerle un valor monetario a Dios, y qué tal de hacer lo mismo con sus administradores? Para muchos, el llegar a pensar en valorizar cualquier parte de la religión es nada menos que un sacrilegio digno del peor sufrimiento en los lagos del fuego eterno. Otros, mayormente los tesoreros de dichos sindicatos doctrinales, lo ven de otra forma totalmente diferente ya que la religión depende de donaciones y fondos monetarios para sufragar gastos personales, uso de energía, comida, materiales, y hasta armas letales para poder funcionar; y cuanto más valor se recauda, mejor. Como cualquier empresa que maneja fondos, aunque la religión se clasifique como una organización sin fines de lucro, no debe ser exenta de una auditoría financiera o la valorización de sus bienes. Por esa razón, es importante saber cuál es su valor tanto monetario como social, y que el público esté al tanto del uso de sus donativos para mantener honestidad y fidelidad en el sistema.

Sin la presencia del dinero o el apoyo civil, no existiría la religión organizada, menos su enorme poderío político y control sobre los pueblos. La razón es simple; empeño en dominar el mundo e inagotables avaricias llenan su espíritu, mucho más que deseos de ponerse a trabajar como lo hacen los demás. Bajo la excusa que se requiere tiempo y paz para mantener un nivel de santidad, preparar sermones, y atender al rebaño adecuadamente, muchos líderes eclesiásticos llevan una vida "servida" libre del típico yugo agobiante que demanda una existencia laboral. Esto entonces implica qué, ¿para poder ser santos, servir al prójimo, y estudiar no se debe trabajar? Si la feligresía o los ministros no trabajaran para tener estos santos beneficios, ¿de dónde sacarían el dinero las iglesias?

Otra excusa que usan los pastores y sacerdotes es que ellos se tomaron la molestia de realizar y pagar estudios universitarios para poder servir al público, y por eso son dignos de ser remunerados, comparando ilógicamente su carrera profesional con la de un doctor o abogado. Pero al hacerlo, están cándidamente indicando que no estudiaron para servir al prójimo, sino que lo hicieron con el objetivo de vivir de él. Este concepto de sobrevivencia se cae en la cara de los miembros de la feligresía religiosa, porque ellos también estudiaron para ganar dinero, se toman la molestia de comprender y ejercer su fe, y fácilmente cada feligrés paga en 20 años todos los costos universitarios de un pastor. 20 miembros pagan sus estudios en un año.

Según un estudio realizado por Vanco [1], el promedio de diezmo pagado por persona en los EE UU es de $884 por año— sin contar ofrendas—o un promedio de $26.520 dólares en 30 años. Para una feligresía de 100 miembros, el total donado en ese tiempo rebasaría los $2.7 millones.

El dinero no sólo ha sido el brazo fuerte de la religión y su éxito, sino también la psicología que utiliza para obtenerlo y sacarle provecho. Desde los tiempos de la antigüedad, podemos apreciar que los costos para establecer y mantener los templos y a sus dirigentes dependían de los diezmos y ofrendas—impuestos y concesiones—tanto públicas como del estado. Muchas veces, el estado era la religión, y se lucraban sin restricción monetaria y no daban informes financieros a sus feligreses. Nada ha cambiado en nuestros días, solo que el número de sindicatos religiosos y su impacto en el mundo tanto ministerial como político ha aumentado considerablemente. El fraude religioso ha aumentado, pero la calidad y veracidad de su información ha ido disminuyendo a través de las épocas, tratando de atraer prospectivos seguidores contribuyentes por medio de la simplificación dogmática y el sensacionalismo carismático o teatral para atrapar miembros que aportarían fondos adicionales a los cofres eclesiásticos.

"La religión es un teatro."

- ## *La avaricia doctrinal*

En esta época cibernética, el cobro automático del diezmo ha tomado fuerza. El feligrés puede pagar sus deudas a la iglesia desde su banco, a lo que se exige un 10% de ganancias. Según un reporte de los salarios en EE UU publicado el 28 de Junio, 2023 en el *"Indeed Career Guide,"* si el promedio del salario es de $4.600 dólares por mes, para una congregación de 100 personas, la iglesia recibiría un total de $552.000 dólares en diezmos al año. Recordemos que el diezmo se usa para pagar los sueldos y gastos de los sindicatos religiosos y sus ministros, no necesariamente los de la iglesia local. Por esa razón, para asegurar una entrada fija de salario ministerial y además cubrir los gastos locales, se recomienda que los feligreses den su diezmo, más una ofrenda adicional valorizada en el 10% de su diezmo destinada para los gastos de la iglesia local y sus obras laicas—lo que se llama el presupuesto combinado—con un total de $55.200 al año.

Imagen 2: Archbasilica St John Lateran (*Bing Image Creator*)

3

La recaudación de las ofrendas se extiende más allá de lo que se pretende recolectar. En muchos casos especiales se recolectan ofrendas durante ventas de artículos como ropa usada, estatuillas de santos, libros, artículos donados, etc. Otras donaciones son dadas durante programas especiales, la escuela sabática, programa de jóvenes, cuna infantil, reuniones de mitad de semana, despido sabático, y varias otras funciones tanto durante la ceremonia principal como en otras oportunidades.

En total, si sumamos el diezmo al presupuesto combinado de ofrendas, las entradas financieras por iglesia cada año se estiman en un total de $607.200 dólares sin contar con otras donaciones especiales como fondos de inversión, proyectos, programas laicos, remodelaciones, fiestas, reuniones de compañerismo, etc. Se estima que existen 380.000 iglesias en los EE UU; hagan la matemática, $230 billones.

Y algo más que se debe considerar. En la iglesia Adventista del Séptimo Día como en otras religiones, los feligreses invierten y pagan por la adquisición o la construcción de la iglesia. El cuerpo administrativo de su región (conferencia y unión) da un pequeño donativo para la compra, pero al final se quedan con el edificio sin devolver ninguna cantidad a los que inicialmente invirtieron su dinero; todo queda como donativo. El gobierno toma en consideración la inversión pública para rebajar los impuestos anuales, pero hay trabas donde no siempre se logra obtener esta reducción.

La maquinaria financiera de la iglesia siempre está buscando dinero en instrumentos bancarios y mercantiles, acciones, bonos u otros instrumentos para generar ingresos, utilizando estrategias de inversión sólida que considera riesgos potenciales. Pero con el respaldo de los diezmos, ofrendas, y consideración gubernamental a la perdida de inversión, la iglesia puede evadir muchos riesgos, beneficios que muchos no tienen.

Las iglesias también pueden aumentar sus ingresos explorando diversas fuentes de ingresos, como ser propietarias de negocios, vender mercancías, libros, sermones, alquileres, estudios bíblicos, servicios funerarios, consejería, cuidado de niños, u obtener subvenciones legales. De otra forma, se pueden centrar en extender su contacto comunitario, el marketing digital, programas y anuncios de radio y televisión, recolección de fondos en la comunidad, y aunque no lo crean obras de caridad para atraer nuevos miembros y aumentar los diezmos y las ofrendas. O sea, la iglesia por un lado da, para recibir mucho más por el otro; todo se trata de dinero. Por eso, más vale donar directo a los pobres que dar la donación a una iglesia, porque esta requiere fondos para operar, representar tu donativo, y al final no queda confirmado a quien, cuando, o si se llega a dar la donación.

Un claro ejemplo del desvío de fondos destinados para la caridad hacia los cofres administrativos de la iglesia se dio a conocer cuando una investigación del Wall Street Journal (Francis Roccam, *As It Happens* con Carol Off) fue publicada por CBC Radio el 12 de diciembre, 2019. En este reporte, se reveló que el Vaticano intervino en el fondo católico llamado Peter's Pence valorizado en 50 millones de euros, y sólo destinó el 10% de la suma para su propósito original; que fue la caridad. Aunque el Vaticano anunció que los fondos se destinarían a ayudar a los pobres y a los que sufren, la mayor parte del resto se utilizaría para luchar contra su creciente déficit presupuestario. Según la ley de la iglesia, el Papa puede utilizar el Óbolo de San Pedro de cualquier forma que sirva a su ministerio.

En mi experiencia personal, en un tiempo (2004) cuando colaboraba en la iglesia Adventista del Séptimo Día, presencié abusos de autoridad, corrupción, y si, lavado de dinero en la conferencia o sede de la región. Mientras sus administradores pedían dinero sin cesar a sus fieles, se descubrió que ciertos directores del ministerio Adventista sacaban fondos para hacer viajes, festejos, y hasta la adquisición de un yate personal con un costo de siete cifras en dólares. Aquellos que no quisieron apoyar la corrupción mayoritaria, fueron acusados de delitos sin razón alguna y echados de la organización. En las iglesias, los que decidieron contrarrestar la corrupción, también se vieron acusados falsamente y echados de sus puestos, o desvinculados.

Una campaña de desinformación masiva fue lanzada por la mayoría corrupta administrativa, la que llegó a todo oído, conferencia, y medios de comunicación. Yo fui uno de los que recibió información directa y por escrito de este escándalo interno, buscando que apoyara echar a cuatro pastores que estaban en contra de la corrupción, y que yo también fuera parte de esa corrupción. Recuerdo bien el momento en el que recibí la carta la cual, por mi conocimiento cibernético, identifiqué que había sido reproducida por una impresora Apple. Había una sola persona que tenía tal impresora; el tesorero de la sede regional.

Durante este lastimoso episodio, uno de los ministros que estaba a cargo de la iglesia donde yo ejercía obró de forma clandestina para borrar a la mayoría de los miembros, y después invitarlos a que se unieran a su futura mega iglesia. Este mismo ministro estaba robando los fondos de la iglesia, donaciones de joyas, dinero, artículos y autos para fines personales y hacer realidad sus sueños de tener su propia mega iglesia. Después que se revelaron los planes oscuros de este ministro y el de su comprometido tesorero que ni miembro era de la feligresía, la iglesia se apoderó de la cuenta bancaria y se alarmó al ver que solamente quedaban $430 dólares disponibles. El tesorero nunca entrego los libros financieros de la iglesia, y los reportes que compartió eran incompletos y falsificados. Es más, la esposa del mismo tesorero intimaba con muchos de los hombres de la iglesia con fines de recaudar seguidores para la futura mega iglesia del ministro corrupto, y seguirles sacando dinero; un caso de prostitución a la que ambos ella y su marido reconocieron y no se arrepintieron. Yo fui el ministro a cargo de la investigación de lo que sucedía y de desvincularlos de la organización.

En otra ocasión, una persona de fama le ofrecía a la iglesia un préstamo monetario usando cheques personales, pero pedía que la iglesia le devolviera los fondos en efectivo. Otra persona hacía transferencia de fondos a una tarjeta de crédito personal para que el tesorero desviara los fondos de la tarjeta a una cuenta bancaria de la iglesia y así se perdiera el rastro de la donación. Otra situación implicó la donación de cierta cantidad en efectivo, pero se le pidió al tesorero que escribiera un recibo indicando una cantidad mayor. También ha habido casos en los que los ladrones aportan dinero a un edificio para trabajos de construcción, que luego se reembolsa en forma de cheque y, por lo tanto, se "limpia."

El lavado de dinero en las iglesias implica la fuga de fondos, el acto de combinar dinero corrupto con fondos legítimos, o la transferencia de un tipo de moneda o instrumento financiero a otro [2]. El fraude les cuesta a las iglesias alrededor de 63 millones de dólares al año o el 16% de los ingresos totales. Esta situación empeora cuando los gobiernos no exigen que las iglesias proporcionen información bancaria.

Según otros estudios de casos realizados por las fuerzas del orden, los bienes raíces de Erik Siga fueron comprados con fondos turbios. Fue encontrado muerto en una prisión estadounidense con vínculos a notorios narcotraficantes y está acusado de lavar al menos 1,4 millones de dólares a través de su canal religioso. Era pastor de una iglesia evangélica en Guatemala, así como alcalde de un pequeño caserío. Se han lavado más de 100.000 millones de dólares en dinero mormón a través de un fondo de inversión exento de impuestos.

Las cuentas bancarias de las iglesias, manejadas por tesoreros locales, están a la merced de maniobras imperceptibles por mucho que las sedes regionales vigilen los informes donativos ya que lo que se deposita en el banco es lo que el tesorero informa, y puede haber mucho que se filtra del depósito final el cual nadie puede saber. En mi caso, siempre hice auditoría de fondos recolectados con el tesorero y en la presencia de un anciano de la iglesia como testigo. Pero no todas las iglesias hacen esto y están expuestas al fraude interno, o colaborativo con otras fuentes incluyendo la misma sede regional como demostró el caso previo.

Según Federico Fahsbender de Infobae (22 de Febrero, 2017) el presidente de la iglesia Adventista en Argentina fue procesado con un embargo de dos millones de pesos tras una investigación de la división de Delitos Federales de la PFA. No estuvo solo. Junto a él cayó toda la cúpula de la iglesia en Argentina. El tesorero de la Asociación Adventista y el director de ADRA (asociación de ayuda humanitaria del culto) y apoderado de la Asociación integraron la lista de procesados. También el vicerrector de la Universidad Adventista del Plata. El delito del que se los acusa: contrabando, con una maniobra multimillonaria [3].

Dos contenedores provenientes de EE UU con donaciones para la asociación ADRA destinadas para la Universidad Adventista en Entre Ríos se declararon contener insumos hospitalarios con vencimiento operado y/o en mal estado, distintos productos sin respectivos envoltorios, desechos clínicos de atención médica, desechos de medicamentos, y productos farmacéuticos. Pero entre jeringas, en cajas mal embaladas, se encontraron 14,8 millones de pesos en artículos electrónicos de alta gama sin declarar. Las personas involucradas renunciaron a sus cargos.

La operación adventista cuenta con más de 1055 iglesias y un pasivo bancario de más de 200 millones de pesos, negocios como la cerealera Granix, clínicas, sanatorios y centros para tratar adicciones, tabaquismo, estrés y sobrepeso. El enojo de la feligresía se reduce a un punto básico: qué hicieron los jefes de la iglesia con los diezmos.

El juzgado también tramita un legajo de aseguramiento de bienes que asciende a 280 millones de pesos. Para cubrirlo, la iglesia ofreció bienes, entre ellos la planta principal de Granix. 8 millones de pesos en fianzas fueron pagados de inmediato y los líderes Adventistas siguieron en libertad, pero la elevación a juicio de los ahora ex jefes adventistas es solo cuestión de tiempo.

Según Brian Grim de la Universidad de Georgetown y Melissa Grim del Instituto Newseum, como parte del proyecto de Libertad Religiosa, analizaron el impacto económico de unas 344.000 congregaciones religiosas en EE UU, desde el adventismo hasta el zoroastrianismo. El estudio trató de estimar el valor de Dios y muestra que los sindicatos religiosos y sus actividades contribuyen con casi 1.200 billones de dólares a sus cofres cada año.

Dependiendo de varios factores, un estudio patrocinado por Faith Counts indica que las religiones en EE UU aportan entre 378 billones hasta 4.800 billones de dólares cada año [4]. También hay que considerar el costo de otros donativos como artículos de ropa, joyas, autos, equipos eléctricos, comida, transporte, y ni se diga tiempo y labor personal que equivaldría a una cantidad inestimable. Y no nos olvidemos que los dirigentes religiosos no pagan impuestos de sus ganancias.

Entonces, ¿cuánto dinero tiene Dios acumulado en sus cofres eclesiásticos? Dando un breve vistazo a la iglesia católica, tomando en cuenta todas sus unidades internacionales, más un banco privado que mantiene sus bienes secretos, cuenta con por lo menos 73 billones de dólares. Eso sin contar innumerables tesoros que guarda, 26 museos, edificios sin número, inversiones, autos, aviones, escuelas, hospitales, sanatorios, y cerca de 717.427 kilómetros cuadrados de propiedad, casi el tamaño del estado de Texas en EE UU [5]. Ese es solamente uno de 45.000 religiones establecidas, cada una con un numero de iglesias bajo su nombre, basados en la fe cristiana.

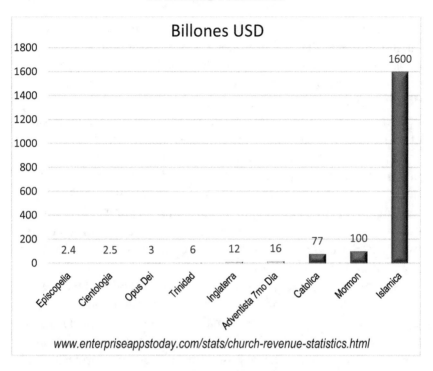

Billones USD

Episcopelia	Cientologia	Opus Dei	Trinidad	Inglaterra	Adventista 7mo Dia	Catolica	Mormon	Islamica
2.4	2.5	3	6	12	16	77	100	1600

www.enterpriseappstoday.com/stats/church-revenue-statistics.html

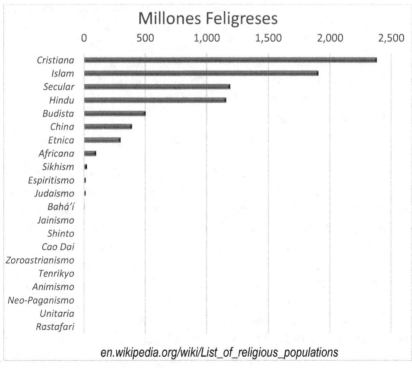

Millones Feligreses

en.wikipedia.org/wiki/List_of_religious_populations

Consideremos la iglesia de los Santos de los Últimos Días que cuenta con más de 100 billones de dólares acumulados [6] y es posiblemente la más rica del mundo. Los Adventistas del Séptimo Día tienen 16 billones de dólares en sus cajas fuertes, y la iglesia de Inglaterra 12 billones. Mezquitas islámicas reciben fondos de patrones ricos y gobiernos, y los bienes islámicos se calcularon en el año 2012 cerca de unos 1.600 billones de dólares [7].

Si todas las religiones juntaran el total del dinero que poseen, una cantidad que supera los diez o hasta cientos de trillones de dólares, fácilmente podrían comprar a todos los gobiernos terrestres y adueñarse del planeta con un solo pago. ¿Qué esperan entonces para terminar con el hambre y la miseria política en este mundo? ¿Será que no consideran suficiente lo que tienen, o no se llevan bien la una con la otra?

Un juicio en el Vaticano acusa a 10 oficiales de la iglesia católica de delitos financieros, corrupción y mala conducta. En el centro del juicio se encuentra una inversión inmobiliaria de lujo en Londres que hizo perder al Vaticano casi 200 millones de dólares. Luego están los pagos a una mujer que supuestamente debía ayudar a liberar a algunas monjas de secuestradores, pero gastó el dinero en artículos de lujo, vacaciones y otras extravagancias [8].

También hubo préstamos y otros pagos hechos a una organización benéfica dirigida por el hermano de un cardenal, pero facturas y recibos falsificados dieron lugar a dudas sobre si el dinero se había utilizado con fines benéficos.

El cardenal Becciu, el ex jefe de gabinete de la Secretaría de Estado del Vaticano, el tercer puesto más poderoso de la iglesia, estuvo involucrado en el negocio inmobiliario de Londres, e hizo pagos a la organización benéfica de su hermano y a una consultora de diplomacia y seguridad nacional que, según dicen, fue contratada por Becciu para salvar a las monjas. Otros acusados incluyen funcionarios del Vaticano, empresarios italianos y abogados con quienes el Vaticano hizo tratos o pagó comisiones. Los cargos incluyen fraude, lavado de dinero, extorsión, malversación de fondos y abuso de poder.

Claramente, cuando un funcionario le da dinero a su hermano, existe un conflicto de intereses. No solo eso, el contrato firmado por el Vaticano le daba el poder de control a negociantes italianos.

Para recobrar la propiedad, el Vaticano tuvo que pagar más dinero de lo que se acordó.

"No aceptarás soborno, porque el soborno cierra los ojos de los sabios." – Deuteronomio 16:19

- ***Corrupción en la iglesia medieval***

Durante la Edad Media, la iglesia católica dominaba Europa, y sufría de graves problemas de corrupción. Muchos párrocos eran analfabetos y apenas sabían cómo realizar los servicios religiosos. Algunos sacerdotes y monjas mantenían relaciones sexuales entre ellos a pesar de hacer votos de castidad.

Imagen 3: Papa Inocencio VIII y sus hijos (*Bing Image Creator*)

Varios papas como Inocencio VIII (1484 – 1492 DC) y Alejandro VI (1492 – 1503 DC) tuvieron hijos. Otros hicieron leyes prenupciales donde la novia debía primero ser penetrada por el sacerdote para concebir en el nombre del espíritu santo. Numerosos obispos y sacerdotes utilizaron sus cargos para llevar vidas de lujo y ocio más como príncipes que humildes servidores. Los cardenales de Roma vivían en palacios magníficos y lucían túnicas de oro con incrustaciones de joyas. Nada ha cambiado en nuestros días actuales.

La iglesia desarrolló prácticas corruptas para pagar estos estilos de vida extravagantes [9]. La tradición cristiana promovió la idea de que peregrinaciones a sitios de reliquias y sagrados eran formas de compensar los pecados, cobrando a las personas que querían ver estas reliquias. Federico I, el príncipe del norte de Alemania, guardaba una colección de más de 17.000 reliquias que supuestamente incluían un trozo de la zarza ardiente de Moisés, 33 fragmentos de la cruz de Jesús, y un poco de paja del pesebre de Jesús. El dinero cobrado por ver estas reliquias financió la construcción de una catedral, un castillo, y una universidad en el reino de Federico. La práctica de vender puestos en la iglesia al mejor postor, no al más cualificado para el puesto, era otra práctica que generaba dinero para la iglesia.

La más rentable y controvertida de las prácticas corruptas utilizadas para recaudar dinero para la iglesia fue la venta de indulgencias. Una indulgencia consistía en un certificado emitido por el Papa a una persona que pagaba para que sus pecados fueran perdonados, cancelando en parte o la totalidad del castigo que una persona sufriría después de la muerte por pecar. Con el tiempo, una persona podía comprar un certificado de cualquier funcionario de la iglesia. Otros corruptos vendían indulgencias para miembros de la familia que habían muerto y cuya salvación estaba en duda, y muchos miembros del clero enseñaron que la salvación se podía alcanzar simplemente mediante la compra de suficientes indulgencias.

Los diezmos o impuestos que le iglesia imponía sobre sus fieles eran enormes y muchas veces la gente tenía que vender sus bienes para poder pagarlos. Al no poder pagar, se les hacía creer a la gente que no iban a ir al cielo.

Una situación relacionada con el poderío, control civil, y la expansión de su territorio para incrementar las entradas monetarias se demostró con la rivalidad religiosa y el rechazo eclesiástico de musulmanes, judíos, y toda secta que se alejaba de la iglesia católica. Ni se diga de los ataques en contra y de la eliminación de los creyentes en la reencarnación como los Valdenses, Albigenses, Bogomilos, Catares, Paulisanos, Setianos, Alauitas, Ashkenazi, y los Druidas de Galia. El mismo formato clásico de la iglesia que se usó para eliminar a toda competencia o elementos que se opusieran a su santa dictadura se aplicó a la persecución de científicos, filósofos, alquimistas, médicos y hasta lo que consideraban brujas.

Imagen 4: Valdenses en Francia (*Bing Image Creator*)

Una corte criminal llamada la Santa Inquisición se fundó con el fin de presionar, torturar y ejecutar a la gente si no renunciaban a sus creencias y aceptaban la dictadura católica, porque cada centavo de cada persona contaba. Uno de los principales propósitos de la Inquisición fue de eliminar la creencia en la reencarnación, ya que ese entendimiento eliminaría la necesidad de tener una religión cristiana basada en la salvación.

Tabla I.
1470 años de Inquisición [10].

Etapa De La Inquisición	Comienza	Termina
5to Concilio Ecuménica, Justiniano elimina reencarnación	553	
Languedoc, sur de Francia. Primera inquisición	1884	
Concilio de Toulouse, Inquisición establecida, orden papal	1227	1235
Inocente IV ad extirpanda, orden papal, autoriza tortura	1252	
Ferrand Martínez. Erradicación judaica/musulmán	1391	
Persecución de supuestas brujas	1450	1700
Inquisición Española	1478	1834
Inocente VIII. Summis Desiderantes, más torturas/muertes	1484	
Inquisición Portuguesa	1536	1821
Inquisición Romana	1542	2023
Rey Felipe II, Inquisición en las Américas	1569	1825

Un método de juzgar a las personas, principalmente a las supuestas brujas, era el de atarlas y sumergirlas con una piedra en un rio; si flotaban eran brujas, si se ahogaban eran inocentes. El número de muertos por la Inquisición y la persecución religiosa no se sabe oficialmente, pero se cree asciende a millones. El número de torturados no tiene cifra, igual que los que fueron estafados, abusados, engañados, matados, torturados, o desviado de la verdad.

¿Ha cambiado el propósito y curso de la religión en nuestros días? ¿Qué tal de la incesante pedofilia y el lavado de dinero entre altos funcionarios de las iglesias? ¿Qué tal de las guerras religiosas por todo el planeta buscando expandirse en el nombre de Dios?

"No es lo que enseña la religión que importa, es lo que vive."

- *Corrupción en la religión antigua*

Enormes sistemas religiosos surgieron desde los tiempos antiguos por todo el planeta, dedicando gigantescos monumentos, lienzos, santuarios, templos, y opulencia a sus enigmáticos y poderosos dioses, a base de ostentación y temor que desafiaba a plena vista las gloriosas y lujosas fortalezas de la realeza.

Los creadores de estas religiones tenían dos objetivos en mente, ambos corruptos:

- Manejar asuntos de estado, como a un títere, detrás de una cortina aislante política, la cual era cambiable y asumía toda la responsabilidad ética, militar y económica
- Asegurarse la entrada de servicios, bienes, protección, y honor a base de símbolos, historias y alegorías mitológicas

Estos sindicatos religiosos fueron ganando poder a base de una intocable dictadura divina y aterradora, construyendo sistemas de adoración cada vez más complejos, costosos, y grandes, a menudo actualizando y adaptando la mitología de su base doctrinal a las surgentes ideas de otros pueblos y situaciones; tal como sucede hoy en día con ediciones bíblicas. Adaptaciones se hicieron según surgían cambios sociales, sexualidad, geo-política, música, y ciencia. Es obvio que, si los cambios dogmáticos fueron y siguen siendo adaptados, entonces la doctrina era imperfecta y lo seguirá siendo.

El poder y la riqueza religiosa se demuestra en las enormes intrigantes pirámides, las cimas de los complejos zigurats, y los asombrosos templos de adoración. El poderío de la representación religiosa atrapa nuestra admiración con una nostalgia hechizadora que busca captar nuestra tenaz devoción con el objetivo de manejar la experiencia humana hacia el simbolismo cegador, un sistema que confina nuestro destino a depender de doctrinas devocionales que jamás podrán ser confirmadas, tanto sus fuentes literarias como su autoridad divina.

Podemos apreciar que el gran número de las construcciones religiosas y el exquisito arte con las que fueron edificadas fácilmente superan a los recintos más ostentosos de reyes y faraones. En esos templos de alta gama, era obvio que no vivían dioses, pero sí sus administradores. Ningún civil o rey se molestaba en enfrentar el abuso eclesiástico por miedo al castigo de Dios. De esa forma, el verdadero enemigo del pueblo, el sindicato místico, seguía lucrando riquezas y creando templos cada vez más lujosos, gracias a la fabulación de sus mentiras.

En Grecia, reina la enorme Acrópolis (ciudadela) de Atenas con el Partenón de Atenea siendo el principal anfitrión del sitio. En el medio oriente, otras acrópolis como las de Aso, Pérgamo, Corinto, Alepo, Ebla, y Balbek muestran arquitectura difícil de reproducir por métodos modernos. En las Américas, las antiguas ciudadelas de Teotihuacán, Cuzco y Tiwanaku por mencionar algunas nos aseguran, con paredes hechas de granito derretido, que fueron construidas para la seguridad de la devoción civil, pero no por simples nativos.

Imagen 5: Acrópolis griego (*Bing Image Creator*)

En otras lejanas culturas, se construyeron otros centros de adoración como en la India, Angor Wat en Camboya, las maravillosas estructuras devocionales que adornan Indonesia, las misteriosas pirámides de Egipto, las hermosas catedrales incluyendo el Vaticano, las opulentas mezquitas islámicas, y miles de otras estructuras imposible de nombrar en un solo volumen. Tal era, y es, el poder de la religión superando al de los gobiernos.

Detrás de todas estas creaciones, existió una fuerte unión de carácter divino, un propósito combinado y copiado, un interés común, y una inversión hereditaria. Este fue, y es, el "estándar dorado" de la domesticación humana; la religión, el control sobre la humanidad, para conseguir la sobrevivencia de unos cuantos privilegiados.

Imagen 6: Antigua adoración (*Bing Image Creator*)

"El poder no corrompe a la gente, la gente corrompe el poder." – Citas de William Gaddis, 1.

- *Corrupción en la religión actual*

Si caminamos por varios barrios urbanos, nos sorprenderán templos cuya apariencia y opulencia supera las viviendas, escuelas y parques de la vecindad. El número de estos templos a veces dan para preocuparse, comparados con las obras y servicios humanos que las vecindades realmente requieren.

Imagen 7: Mensaje progresivo (*Bing Image Creator*)

Bajo el eslogan del "mensaje progresivo," la religión se ha convertido en candil de la iglesia y oscuridad de tu casa, una maquinaria lucrativa que recibe fondos sin blanquear, fondos que no llegan a su destino sino a bolsillos corruptos, confundiendo con falsos aturdíos a las masas con mensajes mitológicos que no se sabe su origen, y enriqueciendo a un núcleo ministerial que manda al feligrés a conquistar el mundo "para la iglesia" enseñando que cuanto más das, más bendecido serás. ¿Será cierto lo de bendecir al que más da?

"Muchos han comerciado con ilusiones y falsos milagros, engañando a la estúpida multitud." – Leonardo da Vinci

Si Dios opera como el mono que baila por dinero, el cielo debe estar en banca rota porque no figura la cantidad de humanos y donativos que necesita para bendecir. O peor, está pasando por miles de años de crisis económica que no puede resolver. Si no fuera así, ¿por qué vende bendiciones, sanación, e indulgencias?

Como dice el dicho, si tal como es arriba es abajo [11], entonces los evangelistas y los ministros que se lucran de sus seguidores, claramente muestran que Dios y sus cielos no funcionan sin dinero, y sus privilegiadas ganancias [12] como la siguiente gráfica manifiesta indica que la divinidad vive del sudor del hombre, no al revés:

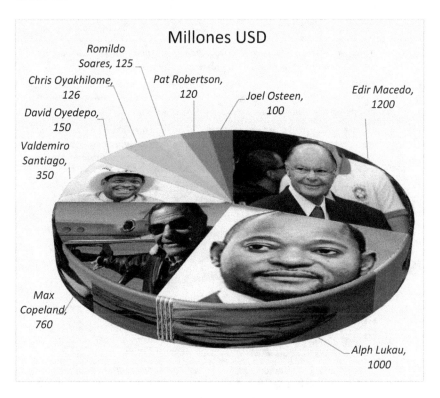

Millones USD

Romildo Soares, 125
Chris Oyakhilome, 126
Pat Robertson, 120
Joel Osteen, 100
Edir Macedo, 1200
David Oyedepo, 150
Valdemiro Santiago, 350
Max Copeland, 760
Alph Lukau, 1000

Buen negocio este lo de la religión, ¿no creen?

"A menos que te hagas igual a Dios, no puedes entender a Dios: porque lo semejante no es inteligible excepto para lo semejante. Hazte crecer hasta una grandeza sin medida, libérate de un salto del cuerpo. Elévate por encima de todo tiempo, conviértete en Eternidad. Entonces, comprenderás a Dios. Cree que nada es imposible para ti, considérate inmortal y capaz de comprender todo, todas las artes, todas las ciencias, la naturaleza de todo ser viviente. Monte más alto que la altura más alta; descender por debajo de la profundidad más baja. Atrae hacia ti todas las sensaciones de todo lo creado, fuego y agua, seco y húmedo, imaginando que estás en todas partes, en la tierra, en el mar, en el cielo, que aún no has nacido, en el vientre materno, adolescente, viejo, muerto, más allá de la muerte. Si abrazas en tu pensamiento todas las cosas a la vez, tiempos, lugares, sustancias, cualidades, cantidades, podrás comprender a Dios." – Giordano Bruno.

[1]   *"Church giving stats and strategies for adapting to new trends."* www.vancopayments.com/egiving/church-giving-statistics-tithing

[2]   Financial Crime Academy. 14 de Junio, 2023. *"Bank and church money laundering: ecclesiastical crime."* financialcrimeacademy.org/bank-and-church-money-laundering-ecclesiastical-crime/

[3]   Federico Fahsbender. 23 de Febrero, 2017. *"Iglesia Adventista: renunciaron los pastores procesados por un millonario contrabando."* www.infobae.com/sociedad/2017/02/22/iglesia-adventista-renunciaron-los-pastores-procesados-por-un-millonario-contrabando/

[3]   en.wikipedia.org/wiki/List_of_largest_Hindu_temples

[4]   *"How much money does religion generate in the United States?"* Rhina Guidos, Catholic News Service. Septiembre 15, 2016. www.americamagazine.org/issue/religion-contributes-trillions-dollars-us-study-finds

[5]   *"How much money does God have?"* Janet Nguyen, Marketplace, 10 de Febrero, 2023. www.marketplace.org/2023/02/10/how-much-money-does-catholic-church-have/?utm_source=flipboard&utm_content=marketplace%2Fmagazine%2FAll+Stories

[6]   Michael Singer. 13 de Septiembre, 2023. *"Church Revenue Statistics."* www.enterpriseappstoday.com/stats/church-revenue-statistics.html

[7]   Sammy Said. 8 de Diciembre, 2013. *"The 10 richest religions in the world."* churchandstate.org.uk/2016/06/the-10-richest-religions-in-the-world/

[8]   Thomas Reese. 3 de Agosto, 2023. National Catholic Reporter. *www.ncronline.org/opinion/guest-voices/vatican-financial-scandals-corruption-stupidity-or-both*

[9]   *"Corruption in Medieval Church."* Cambrian School District, San Jose, California, United States. Study format, Student Handout 3.1A. *www.cambriansd.org/cms/lib07/CA01902282/Centricity/Domain/316*

[10]   *"Reincarnation, Jesus, the Bible, New Testament & Christian Doctrine."* Artículo por: Walter Semkiw, MD

[11]   "Tabla de Esmeralda." Hermes Trismegistro. *"Kitab Sirr al-Khaliqa wa Sanat al-Tabia"* 650 DC

[12]   *www.clacified.com/lifestyle/16/richest-pastors-world*

Capítulo II: *Significado de Dios*

C ada civilización que en algún momento existió sobre la faz de este mundo dejó plasmada en las anécdotas de la humanidad algunos rasgos de sus creencias, rituales, conceptos universales, doctrinas, y culturas. Varios de los elementos físicos, estelares, espirituales, y otros símbolos míticos de estas antiguas creencias adornan cavernas, piedras y monumentos hasta la fecha, procurando esculpir en nuestras mentes un breve momento silencioso—como si fuera un comercial—en el que podamos apreciar una pequeña imagen del pulso humano de esos tiempos pasados: y si fuera posible, de alguna forma influenciar nuestras convicciones vigentes según se creía en aquellos tiempos antiguos. Muy pocos se dan cuenta que estas anécdotas de tiempos pasados se han convertido en nuestras religiones modernas, y unas de las más inciertas se encuentran en la biblia.

Las averiguaciones arqueológicas que acompañan las páginas recientes de nuestra historia nos dan un sentido—a veces misterioso—de quienes administraban esas sociedades antiguas, qué sindicatos religiosos o fe representada controlaba la adoración civil, qué rituales practicaban, y a qué potestades veneraban para recibir de estos elementos ilusorios algún tipo de beneficio. Lo que está muy claro es que no existe evidencia, testigos o escritos originales que puedan demostrar sin duda alguna la veracidad del mensaje religioso. En realidad, nada ha cambiado en los tiempos actuales, ya que la humanidad sigue adorando a dioses ilusorios y pidiéndoles favores igual que en tiempos pasados. Más bien, nuestros dioses modernos no son más que un cambio de marca; los mismos dioses de entonces revestidos por otro nombre u origen.

Al igual que la típica noción sobrenatural, y el significado de los actos devocionales que éstas encierran, los dogmas antiguos eventualmente pasaron de boca a boca, de una generación a otra, de un documento a otro, de un idioma a otro, de un país a otro, de un contexto o sentido a otro, y de una época a otra, hasta convertirse en la base de muchos de los conceptos religiosos que asumimos en tiempos recientes. O sea, las religiones de nuestros tiempos son una recopilación de creencias antiguas que han entregado su evidencia, origen, contenido y propósito a las cenizas del tiempo. Esencialmente, las religiones son lo que se puede clasificar como "casos fríos" sin evidencia sólida, recopilados por sindicatos dogmáticos de fuentes discutibles y transformados en novelas místicas.

El término etimología tiene como objetivo revelar el origen de las palabras. Es decir, llegar al "étimo" es llegar a la "verdad" del verbo. Contemplar una palabra desde su raíz más remota nos permite entender su significado original. Hoy en día, usamos palabras fielmente para nombrar a cierta deidad, pero sin saber de dónde vienen o lo que realmente significan desde el punto de vista de sus raíces antiguas. En particular, existe el uso común de una palabra entre las religiones abrahámicas; Dios. Pero como verán, es sorprendente saber lo que realmente significa esa palabra.

Al desconocer los orígenes del designio y significado de Dios, de la misma forma asumimos un profundo legado de malinterpretación directamente asociada con el uso del nombre de esa deidad, colmada con incertidumbres de paternidad literaria, testimonio, narración, infusión mitológica y doctrina en una larga cadena de adaptaciones y cambios análogo al juego del "teléfono descompuesto."

Por ejemplo. La mayoría de los expertos que estudian y trabajan en el campo de las antigüedades especulan que los evangelios del Nuevo Testamento son una "historia mitificada;" tienen buenas razones para pensar de esa manera. Estos eruditos reconocen que muchas historias bíblicas tal como el nacimiento virginal, los milagros, la resurrección, y el encuentro de la mujer en la tumba de Jesús reelaboran temas míticos que eran muy comunes en el antiguo Cercano Oriente. De la misma manera que los guionistas desarrollan películas nuevas basadas en las antiguas, así sucedió con el relato de la vida de Jesús; como verán, en su mayoría la vida de Jesús es inventada.

Los primeros escritores del Nuevo Testamento parecen ignorar los detalles de la vida de Jesús que fueron aceptados sin cuestionamiento en textos posteriores; como que no conectaron con ellos precisamente y escribieron fuera de contexto con los evangelios. Pablo ignora la concepción inmaculada, también a los sabios magos, a la estrella del oriente, y los supuestos milagros. El silencio de Pablo desconcierta a muchos teólogos sobre los hechos biográficos y las enseñanzas más básicas de Jesús, justo cuando más las necesitaba para dispensar su doctrina. Nunca se refiere a los apóstoles como discípulos de Jesús o que los tuviera, que hizo milagros, o lo que enseñó. Las pocas pistas crípticas que ofrece no solo son vagas, sino que contradicen a los evangelios [1]. Pablo usa a Jesús sólo por su nombre, aplicando su propia filosofía religiosa sin dar muchos detalles que podrían incriminar su falta de afiliación con Jesús y su desbocada falsedad literaria.

Regresando al tema, ¿qué es lo quiere decir la palabra Dios, y de dónde se origina ese nombre? Durante un tiempo inestimable, esta palabra fue adoptada por las doctrinas tanto abrahámicas como sorprendentemente las indoeuropeas, comprobando que existió un intercambio o puente teológico en tiempos pasados entre diversas civilizaciones miles de kilómetros distantes las unas de las otras.

En esta narración, nos enfocaremos en escudriñar las creencias indoeuropeas, y más específicamente a las cristianas, siendo éstas de repente las que mejor se han adaptado de materiales religiosos ajenos, nacidos esencialmente del panteísmo pagano.

- *Deus, cielo diurno*

Empleando una cuenta regresiva para así llegar hasta el verdadero origen de la palabra Dios, nos remontamos primero al latín "*Deus*," el cuál proviene de una raíz proto-indoeuropea mucho más antigua con un largo legado de continua adaptación e imitación de otros conceptos mitológicos; "*dyeu.*"

De la raíz dyeu y "*dei* [2]," que significa cielo diurno, brillo del día, o cúpula arriba, se deriva la base "*dyéus*" que simboliza la personificación divina de dei; el cielo brilloso diurno. Detrás del término dyéus, existe un fenómeno significativo que consiste de muchas variantes como se puede apreciar en la siguiente Tabla II [3], demostrando una fuerte conexión entre el firmamento soleado, su cúpula, sus luminarias, y una deidad que los representa; una simbología sacada directamente del panteón mitológico pagano y la antigua adoración del sol. En la siguiente tabla se muestran las raíces proto-indoeuropeas relacionadas con dyeu.

Tabla II.
Raíces Proto-Indoeuropeas de dyeu.

Griego	Latín	Castellano
Zeus	*Zeus*	Zeus, Júpiter, jueves, jovial, dios de los dioses
Delos	*Clara/Deus*	Brillante, aparente, distinguido
	Deus	Dios, Dioses
Theos	*Dei, Dyéus*	Brillar, día, sol, dios [cúpula]
	Deiw, Deus	Dios(a), brillar, ser blanco
	Dies	Día, horario, hoy
	Dives, Divites	Divino, adivinar
	Diurnus	Diurno [cúpula]
	Deiwos	Lugar celestial de los dioses [cúpula]
	Diaus, Deva	Sanscrito: dios

En el latín, el uso clásico de la palabra *"dei"* se aparta parcialmente de su antiguo significado de "brillo del día" y adopta el concepto de "Dios creador" en su lugar, perdiendo de esta manera la conexión añeja con el firmamento del día. Ahí es donde la huella histórica de la mitología pagana empieza a encubrirse junto con su legado de alegorías precursoras, y creando un sistema fundamentalista cual verdadero origen, propósito, y evidencia desaparece debajo de capas y capas de ediciones y copias.

Aparte de dyéus, otro término indoeuropeo con el mismo significado es *"deiwos,"* o el lugar celestial (cúpula) donde se encuentran los dioses [4] similar a dei. De interés, en el Sánscrito, la palabra dios también se especifica como *"Diaus."* Esto implica que la brillante cúpula del cielo diurno se consideró en tiempos añejos como una entidad divina en varias partes de Asia y Europa, un dios ser que creó a sus hijos apartados de Él y los soltó en la Tierra a vivir sin que Su esencia estuviera presente.

El verdadero significado infinito de Dios se perdió a causa de los dogmas y tradiciones antiguas que fueron infundidas en las doctrinas según el avance de los siglos y los credos religiosos. Al igual que las creencias antiguas, se establecieron religiones en tiempos modernos que hablaban de un dios que creó la tierra, el cielo, y al hombre aparte de Él, un dios que vive en la cúpula brillante del día y de ahí juzga al ser humano sin piedad alguna.

Imagen 8: Dios del cielo diurno (*Bing Image Creator*)

Existe otra referencia a dios escondida dentro del idioma griego que se puede apreciar en la biblia. En el Nuevo Testamento, hallamos una referencia al *"dios del cielo diurno"* en plena vista. Esta se encuentra en el famoso versículo que muchos conocen como; "el padre nuestro [5]."

Leyendo el versículo de (Mat 6:9) en el texto griego original, tenemos: *"hemon pater ho en ouranos,"* lo que significa *"nuestro padre que estás en [la cúpula del cielo diurno]."* La palabra griega *"ouranos"* está catalogada como Strong's G3772, y tiene varios significados como el lugar donde dios reside, el mundo, y el universo. Pero con mayor sentido, quiere decir *"extensión abovedada del cielo y todo lo visible en él,"* también *"cielos aéreos donde se juntan nubes, tempestades, truenos y relámpagos*;" recuerden esta referencia mencionando tempestades y el cielo, por que verán que este es uno de los significados de Jehová, el dios de las tormentas. O sea, ouranos es la <u>cúpula del cielo diurno</u> con el mismo significado que la palabra dios.

Imagen 9: Dioses Olímpicos (*Bing Image Creator*)

Aquí surge un conflicto lingüístico con el idioma griego. Si la palabra ouranos es la *"cúpula del cielo diurno"* o "dios" y pater es *"padre,"* entonces la frase en Mateo 6:9 no tiene ningún sentido ya que significaría, *"nuestro padre que estás en el dios."* Aquí nos damos cuenta de varios contextos.

Primero, la palabra griega *"en"* es una preposición que aclara una posición en lugar, tiempo o estado significando; en, con, o entre. El uso de pater nos dirige a traducir *"en"* como *"entre o con,"* reformando la frase como, *"nuestro padre que estás entre la cúpula [o con los dioses],"* o simplemente *"nuestro padre que estás con dios."*

Segundo, por el uso de cúpula, el padre nuestro tuvo que haber sido añadido a la biblia por autores griegos, no judíos, implicando que Jesús no lo mencionó, sino que fue añadido a la biblia mucho después de su muerte.

El concepto de ouranos era importante para los griegos ya que creían que en la cúpula del Monte Olimpo era donde estaba el reino de los cielos. Ahí era ouranos, donde brillaba el azul del día, flotaban las nubes, y estaban sus doce dioses. Según la mitología griega, existieron mansiones de cristal sobre ese monte, pero fueron destruidas durante la guerra de los dioses. Los rastros divinos de ouranos debían juntarse en un futuro para dar a luz al *"Hijo Hombre"* quién regresaría de los cielos y daría vida otra vez al Olimpo [6], una creencia que resuena demasiado con la mitología de la resucitación de Osiris, pero mucho más con el mito de la muerte y resucitación de Jesús.

Imagen 10: Cúpula del cielo diurno (*Bing Image Creator*)

Tomando un breve desvío de esta narración, consideremos la conexión que existe entre el Panteón griego, ouranos, y el mito de Jesús. Debemos tomar en cuenta que los evangelios llamaron a

Jesús el *"Hijo del Hombre,"* un ser divino que al igual que los doce dioses del Olimpo en ouranos, tuvo doce discípulos y regresaría en un tiempo futuro de los cielos para darle vida eterna a la humanidad. Pero existe un conflicto significativo entre las escrituras bíblicas y las frases supuestamente dichas por Jesús:

- Pidió que no fueran a él pensando que tendrían vida [7]
- Dijo que no aceptaba adoraciones del hombre [8]

Como se puede apreciar, los evangelios están en conflicto con las palabras de Jesús, ya que claramente indicó que no daría vida y no quiere que lo adoren. Con estas dos frases, más la cita en Marcos 10:18 que lo descarta como un dios (*"¿Por qué me llamas bueno? Ninguno hay bueno, sino sólo uno, dios."*), la totalidad de la religión cristiana se cae. Aparentemente, a los editores bíblicos de la fe cristiana se les pasó por alto cambiar estas frases.

La creencia griega en sus doce dioses que vivían en ouranos no estaba muy lejos de las doce tribus de Israel, las doce joyas de la pechera del sumo sacerdote judío, los doce discípulos de Jesús, los doce dioses principales romanos, los doce profetas menores del Viejo Testamento, las doce constelaciones del zodíaco, los doce puntos exteriores del *magen David*, y los doce meses del año.

Aquí encontramos otro error bíblico que no está de acuerdo con los datos históricos. Contrario a los testimonios establecidos por los evangelios en su afán de armonizarlo con los mitos antiguos, Jesús sólo tuvo cinco discípulos [9] según el Talmud. También, tal como sucedió con los dioses del Olimpo, Egipto, y las tierras de otros numerosos mitos, Jesús, Hijo del Hombre según las escrituras, se elevó a la cúpula del cielo [10].

Acabamos de ver más evidencia de que la religión no es más que una copia y actualización—un restablecimiento reverdecido—de creencias y mitos antiguos que fueron diseñados para unir varios dogmas similares bajo un solo manto, y de esa forma unificar y atraer más seguidores a una causa monetaria y dictadora que busca gobernar la conducta y adoración humana a su capricho.

- **Deiwos, theos y pater**

Volviendo de nuevo a la palabra <u>deiwos</u> mencionada previamente, vemos que según un estudio etimológico llevado a cabo por Edward Roberts y Bárbara Pastor, esta palabra forma parte de varias culturas y tradiciones indoeuropeas incluyendo las griegas, Jvalinsk (Rusia Caspia), Anatolia (Turquía), Vrddhi y Sánscrito (India) [11, 12], y comparte un significado de dios que es análogo en cada una de estas culturas.

Imagen 11: Zeus (*Bing image creator*)

Como venimos apreciando hasta este punto en nuestro estudio, de la raíz de deiwos, *"deiw,"* se deriva el término griego Zeus y aparece asociada con padre como Zeus Pater. En Sánscrito tardío, deiwos aparece como Diaus Pitar, y en latín Iu Piter o Júpiter. Nos damos cuenta que en el fondo de las interpretaciones de dios y padre se encuentra la adoración de Zeus y un planeta; Júpiter. O sea, de Júpiter nace la cúpula deiwos, y de la cúpula nace el dios moderno.

Está claro que *"Dios"* fue influenciado por el paganismo y nació del mismo patrón de la adoración del sol, el cielo, y su cúpula azul. Tanto Dios como *deiwos* son términos que tienen un linaje gentil y surgieron de una semilla totalmente opuesta al propósito evangélico de la fe moderna. Aunque la religión cristiana pregona estar en contra de creencias paganas, bien que hace uso de toda raíz mística e incierta a su alcance sin decir absolutamente nada, esperando que nadie se entere en lo más mínimo de sus muchas fechorías.

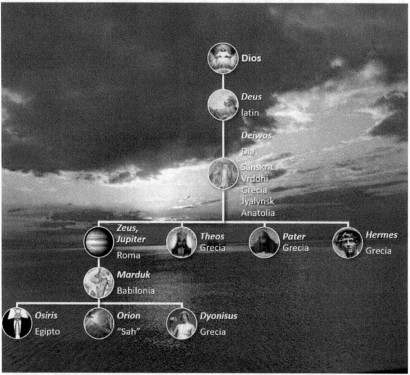

Imagen 12: Evolución de la palabra Dios

En el caso de que el público se entere que la religión es un mito, sus ministros están preparados para envolver a la mente débil con todo tipo de enredadera de palabras infladas, versículos, amenazas y culpa para deprimir hasta Satanás. Cuidado de aquellos que al entregarte miedo, carisma y actos teatrales te desvíen de la virtud y pierdas tu derecho de sabiamente verificar sus declaraciones antes de creerlas. La verdad no es de aquel que la dice, sino el que la comprueba. Confía, pero verifica.

Como se mencionó anteriormente, una derivación de deiwos es la palabra griega asignada al dios mitológico Zeus o Júpiter—el padre de los dioses conocidos como *"theos."* Noten que una de las traducciones de Dios o dioses en el Nuevo Testamento es theos [13] (Strong's G2316) que, de acuerdo a la antigua interpretación mitológica griega, significa representante, cosas divinas, gobernador, deidad(es) y caminar hacia dios.

En el Viejo Testamento, nos encontramos con la palabra hebrea Elohim [14] (Strong's H430), usada más de 2.500 veces. Elohim tiene un significado que es similar a theos, pero incluye otros significados como jueces, dignatarios, poderosos, ángeles, y cosas de dios. Así y todo, la conexión que existe entre Elohim y theos no se puede ignorar, ya que sus raíces vienen de otras religiones paganas y siguen siendo paganas en su uso cotidiano actualmente. Esto se demostrará más adelante.

En el Nuevo Testamento, se usan dos palabras para referirse a Dios que confunden a todo administrador religioso. Ambas ya se mencionaron previamente. Una es theos, y la otra es Pater (Strong's G3962). Las dos se intercambian comúnmente en el Nuevo Testamento, pero pater significa algo más personal que theos; padre, maestro, luminarias, y antepasado. Aunque el debate teológico continúa sobre si pater tiene algún significado divino semejante o menos que Elohim, se puede apreciar que Jesús se refería a un ser guía como pater, y un creador supremo como theos. Aún, no hay garantía de que Jesús usó estas mismas palabras para referirse a Dios—aparte de *"abba"* [15] (Strong's G5) o papá en Caldeo—ya que él hablaba arameo y sus palabras fueron adaptadas al griego después de su muerte por no se sabe por quién.

Si nos guiamos por la corrección idiomática de Mateo 6:9, *"nuestro padre que estás con los dioses,"* apreciamos que hay una diferencia entre pater y ouranos, tal como habría entre pater y el equivalente de ouranos, Elohim. Pero como se ha observado anteriormente, no se puede asegurar que las palabras atribuidas a Jesús en los evangelios son realmente suyas. Sabemos por medio de Luciano de Samosata [16] (humorista romano de Siria, 2do siglo DC) y el Talmud (Sanhedrin 43a) que Jesús escribió libros y era un maestro, pero ¿dónde están esos libros, y por qué solo tenemos copias de sus palabras cómo evidencia?

Fuera de los evangelios, vemos que Pablo usó pater para referirse a padre y theos para Dios, curiosamente similar a Jesús. Es lógico pensar que Pablo usó palabras como padre y Dios en sus escritos desde un principio, pero después las atribuyó a Jesús con el transcurso del tiempo en otros textos. Si nos fijamos en las supuestas fechas en que los evangelios fueron escritos, estos aparecieron antes y después de algunos escritos de Pablo alrededor del año 50 DC (graficas, capítulo III). Además, sabemos que los evangelios no fueron escritos por sus supuestos autores ya que eran supuestamente judíos, pero tenían nombres griegos. Algo más que hay que considerar es que la mayoría de ellos no tenían mucha experiencia literaria, demostrando que los evangelios son el producto de una fuente misteriosa y un autor no confirmado.

- *Elohim, Yahweh y Baal*

Aunque el judaísmo se considera una religión mono teística, en realidad sus raíces originales no lo son. Desde la antigüedad, los israelitas adoraron a tres dioses en particular; Elohim, *Yahweh* (Jehová como más se le conoce en el mundo occidental) y *Baal*. Existe una unión y también una notable diferencia entre estos tres dioses de origen canaanita, aunque la mención de estos dioses judíos resuena hasta en los tiempos desde antes de Moisés.

Después del exilio israelita de Babilonia, los judíos dejaron de usar el nombre tradicional de Jehová. En cambio, usaron dos nombres; Elohim para mostrar la soberanía universal del dios israelita sobre todos los demás, y "*Adonai*" (mis señores) para respetar la santidad del nombre Jehová. Pero según insisten erróneamente algunos eruditos de diversas religiones, Jehová (YHVH יְהֹוָה) también significa "Dios" y lo nombran sin reserva, vinculándolo con el Éxodo 3:14 para que coincida con la frase "*haya asher haya*" (*quién fue, es, y será*) y de esa forma crear ese sentido de un dios universal.

Existen varios problemas etimológicos con el uso de la palabra Jehová. Primero, según Strong's H3068 y H3069, Jehová significa señor, dueño, y jefe [17] similar a Adonai, pero no armoniza con Elohim, y menos con "*haya asher haya*." Adicionalmente, el personaje que menciona esta frase en Exodo no es Jehová sino

Elohim, pero a muchos les conviene que ambos sean el mismo ser ignorando sus raíces y significados.

Para aclarar la confusión entre los nombres judíos de dios, Elohim es el nombre general de dios, un ser distante y poderoso. Jehová es el nombre personal del dios que se relaciona con la gente. Si Elohim significa concilio y poderosos distantes, y Jehová es el dueño o jefe encargado de la gente, entonces Jehová es un ser que representa a los Elohim. Como se puede apreciar, el significado de estos dos dioses indica que son diferentes personajes y no el mismo ser, por mucho que funcionarios devotos traten de forzar y justificar su identidad unitaria. Los siguientes párrafos demuestran que el núcleo del dios bíblico fue construido de creencias politeístas y lo sigue siendo. Un buen ejemplo del politeísmo que ha pasado desapercibido por siglos se encuentra escondido en Mateo 28:19 y forma la base de la creencia cristiana; padre, hijo y espíritu santo, tres dioses y no una trinidad del mismo dios. El invento de la trinidad (*trias*, Teófilo de Antioquía, 180 DC) falla delante de Juan 3:16; "el único hijo de Dios," mostrando una separación de la divinidad. Se hablara más sobre este tema en el capítulo 9.

Ambos Elohim y Jehová eran dioses de Caná, y fueron adaptados de mitologías regionales por los judíos como los dioses oficiales de su fe. Este punto se destaca con más claridad cuando observamos que un tercer dios, *Baal* ("*señor*," un dios fenecio y canaanita), también formó parte de la fe judía por un tiempo, un dios que desató un conflicto a veces bélico para ganar la soberanía devocional del pueblo judío.

Para comprender la confusa relación que existe entre Elohim y Jehová, tomemos como ejemplo la frase "*Jehová Elohim*" que se encuentra en Génesis 2:4, una frase que aparece 3790 veces en 1595 versículos, de los cuales 546 referencias son exactas. Por lógica, no es posible referirse a Jehová como Dios en un momento, y después por conveniencia "*Señor o jefe del concilio*." Esto es contradictorio. "Jehová Elohim" literalmente quiere decir "*jefe o señor del concilio*," no "*Dios Dios*." Como se demostrará, la palabra Jehová no es hebrea sino de origen cananea. Es más, hasta los egipcios se refirieron a "*yhw*" desde los tiempos de Moisés.

Para reforzar el concepto de que Jehová no es una palabra de origen judía, veamos que la palabra Fenicia "*Adon*" quiere decir "*señor, jefe*," y su pluralización Adonai (*señores*) es idéntica en su uso al hebreo. Existe otra referencia que confirma que las culturas del medio oriente se copiaron sus dioses entre ellas. Existe una similitud entre el dios fenecio o judío Adonai y el dios griego "*Adonis* [18]," el inmortal amante de las diosas *Afrodita* y *Perséfone*. En reflexión, ¿las palabras Jehová, Adonai, El y Elohim son de origen hebreo? La respuesta es; no. Como verán, son de orígen canaanita, fenecia, y hasta griega y egipcia.

La referencia más antigua de Yahweh aparece en el gentilicio egipcio: "*t s sw yhw*." Esta frase se encuentra en una inscripción en el templo egipcio de Soleb que ilustra los pueblos que fueron conquistados por el faraón Amenhotep III (1374 AC) y significa, "*Tierra Yahweh de los Shasu*" o simplemente "*Shasu de Yahweh*." Aquí, la palabra "*yhw*" nos da una referencia a Yahweh, la que se reforzará en unos momentos. Los Shasu fueron una tribu cananea [19] relacionada con Madián al noroeste de Arabia Saudita, un área que fue transitada por Moisés antes de, y durante el éxodo.

Imagen 13: Templo egipcio de Soleb (*Bing Image Creator*)

El templo de Soleb no es el único lugar donde aparece Jehová en jeroglíficos egipcios. También se encontraron supuestas copias de la lista de Soleb en los templos de Ramsés II en Amara Oeste y en Aksha. En la lista de Amara, el jeroglífico traducido *"Yhw en la tierra de Shasu"* se parece mucho a los utilizados para otros territorios Shasu; el sur de Palestina, Edom y el desierto de Sinaí. En todas ellas hubo gente que conocía y adoraba a Jehová antes y después de la estadía de Israel en Egipto [20].

En Deuteronomio 33:2, el texto nos da una referencia a los orígenes de Jehová, y dice; *"Yhwh vendrá de Teman (Edom), y el Santo desde el monte de Parán (sur del Mar Muerto entre Israel y Jordania)."* Estos puntos geográficos caen específicamente en la tierra de Edom y sus alrededores. Con razón, Moisés se encontró con algo o alguien en el desierto de Madián y lo atribuyó como el dios de los israelitas, asignándole el nombre que ya él conocía por experiencia, y la región donde se encontraba lo favorecía; Jehová.

En Jueces 5:4, la opinión de que Jehová es un dios de origen edomita está claramente apoyada; *"Cuando saliste de Seir (Sinai), oh Jehová, cuando te marchaste del campo de Edom, la tierra tembló ..."* Este lazo antiguo con Edom nos da a conocer que el Jehová judío era el mismo dios cananeo de la tormenta; Jehová. Hablando de tormenta, ¿no aparecía Jehová en el monte Sinaí como una nube tormentosa? ¿Un pilar de fuego por la noche, y una nube por día?

Para estudiar más a fondo la raíz cananea de Jehová y Elohim, Deuteronomio 32:8–9 indica que la palabra Jehová originalmente se refería a un hijo del dios cananeo; *"El."* Pero durante los tiempos del desarrollo posterior de la fe israelita, este detalle fue eliminado [21] del Viejo Testamento por las autoridades doctrinales judías. Pero no todo está perdido, porque evidencia de que Jehová era hijo de *El* persiste en la biblia hasta los días presentes como podrán apreciar en los siguientes párrafos.

Elohim es el plural de *El*, la palabra genérica para el Dios judío. *El* posee un significado análogo en lenguas de raíz cananea [22] incluyendo el ugarítico de Siria. Los israelitas consideraron a *El* cómo Jehová y en Génesis 33:20 lo confirma; *"Y eligió [Jacobo] allí un altar y lo llamó 'El Elohim Israel'* (El, dios de Israel)." Nombres teofóricos como *Elías* (*El* es Jehová) y *Joel* (Jehová es *El*) reflejan esta situación. El mismo nombre *"Isra-El"* significa *"prevalece El,"* eliminando toda duda que el dios *El* de Caná es el dios judío Elohim. Y por lógica, Jehová.

Tanto la palabra *El* cómo Jehová fueron adaptadas y convertidas en el dios nacional de Israel [23]. Consideren que el temido dios guerrero cananeo Baal, también hijo de *El* y hermano de Jehová, fue adorado por el pueblo de Israel por un buen tiempo, pero después fue reemplazado por Jehová en seguimiento de la etimología y batallas de Baal [24]. Entonces, Baal pasó a ser el adversario (*satán*) y Jehová nuestro aliado. Al final de todo, la religión asoció a Satanás (49 menciones bíblicas) con Baal, a Jesús con Jehová, y a Dios con *El*. Prueba de esto se encuentra en Zacarías 3:2 donde se demuestra el antiguo conflicto entre Jehová y su antiguo adversario Baal (satán):

"Y dijo Jehová a Satanás: Jehová te reprenda, oh Satanás; Jehová que ha escogido a Jerusalén te reprenda."

¿Quién era Elohim para los antiguos semitas? Ellos creían que el mundo estaba impregnado y gobernado por los Elohim, incontables seres semejantes a los espíritus de los nativos; un concepto politeísta. Además, como los semitas usaban Elohim para reconocer a varios espíritus y el judío a "dioses," sería difícil de mantener esa palabra en la biblia ya que esta representa una apología en contra del politeísmo. O sea, la fe semita en los Elohim contradice al monoteísmo judío que se basa en los Elohim, y los mismos judíos se contradicen al creer en los dioses Elohim.

Regresando al análisis de los nombres Jehová y Elohim, se sabe que se usaban mucho antes de la época de Moisés. Evidencia de esta afirmación se encuentra en el nombre de la madre de Moisés, Jocabed (Éxodo 6:20), un nombre que está basado en el nombre Yahweh y significa; *"Jehová es gloria."* A ver, un momento, algo aquí no cuadra. Si Moisés fue el que introdujo el nombre de Jehová supuestamente al pueblo israelita, entonces ¿cómo iba a tener su madre ese nombre? Traigamos otro nombre que pre data a Moisés a la consideración. Que tal José de Génesis, que significa *"Jehová incrementará."* Además, en Génesis 35:6-7, Jacobo hace un altar en *"El Betel,"* o *"Dios casa de Dios."* Otra vez, ¿cómo es que se usaban los nombre de *El* y Jehová antes de Moisés?

Después de tomar todos estos datos históricos y teológicos en consideración, vemos que Moisés desde su vida en Egipto ya conocía el nombre de Jehová y el área del medio oriente donde se adoraba a este Jehová; Caná, Edom y Madián. Y allá se fue a formar su propio pueblo al cual sostuvo con una religión adaptada de creencias de esa zona.

- *Más allá del medio oriente*

En las crónicas de los tiempos antiguos, durante la época del reinado de Hammurabi cerca del tercer milenio AC, el dios babilónico *"Marduk"* (soberano de los humanos) fue asociado con el planeta Júpiter [25] (*Zeus, dios padre*). Al oeste de Asiria cercano a esas fechas, mitos emergiendo del pueblo minoico se dispersaron oralmente por el territorio del Mar Egeo inspirados por los dioses egipcios *Osiris* [26] y *Amón-Ra* [27], sirviendo para crear la semejanza de los dioses griegos Zeus y *Dionisio* [28]. De forma oral y gráfica, las diferentes civilizaciones del medio oriente se conectaron por medio de la misma ideología teológica, derivada de un origen egipcio, pero adaptada a las creencias de la zona.

El ser supremo en la lengua española lleva por nombre, "Dios [29]," derivado de deiwos como vimos anteriormente. Pero de interés, vemos que el Sánscrito de la India (1500 AC) [30]— desarrollado 2.500 años después del nacimiento de la mitología egipcia (4000 AC) [31]—curiosamente llama al ser celestial como *"deva,"* un cercano derivativo de deiwos. Esto significa que en el pasado hubo un proceso de evolución e intercambio de conceptos religiosos con respecto al uso de la palabra Dios entre las civilizaciones del medio oriente y las del subcontinente indio, influidas por creencias egipcias que son las más antiguas.

Esto se ve en las similitudes no solamente entre las religiones del pasado, pero también hoy en día en el uso de palabras, personajes, doctrinas y significados dentro de los confines del mismo medio oriente. Varias creencias surgen todo el tiempo sin hacerle honra a ningún tipo de verificación o sostén original, construyendo mitología por encima de mitología para encubrir las fuentes paganas de su piedra angular y solidificar la adoración de un Dios mitológico.

Durante el desarrollo de los antiguos conceptos religiosos, era oportuno y común en aquellos tiempos elegir y deificar figuras humanas para convertirlas en dioses (*apoteosis*), a veces hasta en situaciones póstumas. De esa forma, los medios devocionales instituían la domesticación y el control de los pueblos. Faraones, reyes, Dalai Lamas, emperadores, filósofos y sabios cubriendo casi todos los continentes de la Tierra fueron deificados, algunos hasta los tiempos actuales [32].

Uno de estos seres deificados es conocido como Jesús de Nazaret. Estudiaremos su caso, lo compararemos con otras figuras religiosas, y mostraremos que su vida ofrece un fuerte paralelo con los eventos y acciones de los dioses antiguos. O sea, en casi todos los aspectos, Jesús es una réplica de otros dioses.

Comenzamos comparando a Jesús con Dionisio. Se puede apreciar que cuando Jesús convirtió agua en vino en las bodas de Caná, ese acto fue concebido por la iglesia para mostrar que Jesús superaba a Dionisio en la implementación y el proceso del vino [33]. El paralelismo entre Jesús y Dionisio se observa en el arquetipo del dios que muere y resucita [34], pero no es el único. En la mitología de Las Bacantes, Dionisio se presenta delante del rey "*Penteo*" acusado de atribuirse la divinidad. De forma similar, Jesús compadece delante de *Poncio Pilato*; situaciones y nombres similares. ¿Coincidencia, o acomodamiento mitológico?

Otro paralelo significativo que se puede hacer con la vida y muerte de Jesús se encuentra en el mito de *Mitra*—el dios solar persa asociado con el culto romano "*Sol Invictus*" (sol invicto) que era celebrado desde el 22 de diciembre hasta el 25. De inmediato, notamos que las fechas de esta celebración dan con el declarado nacimiento de Jesús, pero las similitudes no cesan ahí. En el culto de Mitra, se sacrificaba un toro del cual nacía la vida. Este sacrificio no solo se reprodujo en la ley mosaica, sino que también en la supuesta acusación que se hizo en contra de Jesús, su muerte, y su resurrección, de la cual vendría la salvación y la vida eterna tal como verán en unos momentos.

Vemos que el sacrificio del toro por Mitra también encaja con eventos bíblicos relacionados con la ley mosaica y la muerte de Jesús. En Éxodo 21:32, la ley mosaica exige que, si un buey cornea a un siervo, el dueño del buey le tiene que pagar al amo del siervo unas 30 piezas de plata, y el buey será apedreado. Esta ley es repetida en Zacarías 11:13 donde da referencia al castigo de ser empujado por un buey; "... *Y tomé las treinta piezas de plata y las eché al alfarero en la casa de Jehová.*" O sea, treinta piezas de plata son como una compensación específica para alguien que fue "empujado" o "corneado." En este caso, Judas juega el papel del amo que recibe la compensación, el *Sanedrín* es el dueño del buey, y Jesús es el buey que sería ejecutado por "empujar" a los judíos. Pero, ¿cómo va el Sanedrín a ser el dueño de Jesús? ¿A caso era Jesús uno de ellos? El Talmud en Sanhedrin 43a indica que Jesús era maestro y tenía discípulos. Además, "*b Adorah Zarah 17a*" señala que Jesús era maestro del Tora. La respuesta es, si, Jesús era uno de ellos.

Imagen 14: Gehena (*Wikipedia*)

Ahora, ¿qué es el alfarero? ¿Dónde está? En términos bíblicos, alfarero significa tanto alguien que trabaja con la arcilla, como un terreno que formaba parte de un valle que se encontraba a las afueras de la muralla sur de la antigua Jerusalén y se extiende desde el Monte Sion hasta el Valle de Cedrón al este. Era un lugar donde se quemaban los desechos de Jerusalén y se conocía como "*Gehena*" o el Valle de Hinón. Fue un lugar donde los cananeos sacrificaban niños a *Moloch* quemándolos vivos, y de ahí se clasificó el área de Gehena como el infierno por las religiones posteriores.

Literalmente, al morir Judas ahí, es como decir que se fue al infierno. Pero como veremos después, Judas no se suicidó, tampoco cayó tras su muerte rajando sus entrañas. Más bien, Judas fue asesinado, su vientre cortado, y arrojado en Gehena para encubrir evidencia de su asesinato.

En la saga mitológica de Jesús, fue vendido supuestamente por el total de 30 piezas de plata [35], monedas que se usaron por el sacerdocio judío después que Judas las rechazo para comprar el campo del alfarero [36] (30 siclos de plata son el equivalente de $4.500 USD), pero de esta acción no hay evidencia. Se postula que la acusación mosaica y la transacción financiera en contra de Jesús en realidad no sucedió, pero fue escrito en los evangelios para aprovecharse de una profecía y hacer ver a Jesús como el Mesías cumpliendo esa profecía.

La creencia en *Sol Invictus* pasó a asociar al dios griego *Helios*—el dios solar—con Jesús y de ahí nacieron los halos o discos solares sobre las cabezas de los santos incluyendo a Jesús. El emperador cristiano Constantino II, poco después del concilio de Nicea, sacó una moneda donde celebra *Sol Invictus* y se ve caminando al lado de su dios Helios, no de Jesús.

Imagen 15: Constantino y Sol Invictus (*Wikipedia*)

Es importante recordar que Helios y Apolo no son el mismo dios. Helios era la personificación del sol, no el dios sol como algunas personas piensan. Pero según pasó el tiempo, Helios fue cada vez más identificado con el dios de la luz que era Apolo. Su equivalente en la mitología romana era el Sol, y específicamente *Sol Invictus*.

Imagen 16: Constantino con Helios/Apolo (*Bing Image Creator*)

Vemos con todos estos detalles que existe una conexión entre *Mitra*, el toro, el sol, el sacrificio, la ley mosaica, y la profecía de Zacarías. Estos eventos mitológicos están relacionados con la vida de Jesús; una mezcla de creencias paganas y asignaciones de eventos que fueron recopilados para elevar a Jesús como un dios, pero en realidad no hay evidencia de que sucedieron.

En la mitología egipcia, *Osiris* muere y resucita al tercer día, al igual que el mito de la muerte y resurrección de Jesús [37]. El egiptólogo Erik Hornung escribió que había una evidente analogía entre los niños *Horus* y Jesús, y el cuidado que recibieron de sus sagradas madres. Mucho antes del cristianismo, Isis llevaba el título de *"madre de dios* [38]*"* igual que la virgen María. Otra copia mitológica.

Los relatos de creencias antiguas en *Attis, Zoroastro, Krishna,* y otros seres o dioses humanos demuestran un patrón similar al nacimiento, vida, y muerte de Jesús, dándonos a comprender una vez más que el relato bíblico sobre la vida de Jesús es una copia de antiguos mitos egipcios y del medio oriente.

Se puede apreciar que muchas religiones modernas se basan en el relato bíblico sin darse cuenta de dónde se originaron. Zoroastro, por ejemplo, recibió su revelación de *Ahura-Mazda* a la edad de 30, igual que Jesús [39]. Los romanos, en sus creencias de *Saturnalia* y Mitra, celebraban el renacimiento del sol para diciembre 25 [40], igual que los mexica al dios *Huitzilopochtli* [41].

Considerando la fecha del 25 de diciembre, los evangelios no nos indican exactamente la fecha en que Jesús nació, pero nos dan una idea, una fecha que contradice lo que la iglesia sostiene. La fecha tradicional cristiana del nacimiento de Jesús fue afirmada oficialmente por el Papa Julio I en el año 350 DC [42]. La primera aparición de tal fecha posiblemente se originó de un libro escrito por Hipólito de Roma en el tercer siglo [43]. Apoyando el empleo de esta misma fecha, también tenemos a Evodio, San Jerónimo, Teófilo, y a otros que llegaron a esta conclusión basándose en escritos existentes, pero sin evidencia actualizada. Como veremos, tal fecha fue ajustada para coincidir con la de otros dioses y las celebraciones de aquellos tiempos, lo que demuestra la enorme manipulación histórica que era tan común entonces.

Según Lucas 2:8, los pastores vigilaban a sus ovejas en los campos por la noche; eso no sucede en el invierno israelita. Según el área geográfica, la temperatura nocturna para diciembre 25 puede bajar hasta los 7°C o más incluyendo una nevada [44]; demasiado frio para pastorear por razón de fuertes vientos, el abastecimiento de agua, la provisión de alimentos para las ovejas, y el cuidado de otros animales [45]. Es más probable que Jesús naciera para el mes de Julio ya que los pastores llevaban a sus ovejas a las alturas en esa estación del año por el calor.

- *Adoración a base del error*

Según los expertos de la teología hebrea, Jehová, dios del medio oriente, era un nombre que fue mezclado con las vocales del nombre de otro dios de la región; Adonai [19]. Eso es lo que aparenta literalmente, pero en realidad puede que fuese una situación donde coincidieron letras o valores entre ambas palabras lo suficiente para establecer una conexión entre ellas y de esa forma lograr estandarizar creencias regionales. Esa acción causaría errores de traducción e interpretación en el futuro.

Adonai aparece unas 450 veces en el *Tanaj* (conjunto de los veinticuatro libros sagrados canónicos del judaísmo) [46]. Ya que pronunciar Jehová se consideró tabú en el judaísmo desde los tiempos del segundo templo, se substituyó por Adonai. Eso causó un problema al traducir el Tanaj al griego. Cuando se tradujo Adonai a *"kyrios"* (señor) en vez de usar Jehová, no quedó suficiente definición para saber a quién se estaban refiriendo. Por esa razón, no es fácil saber en el Nuevo Testamento cuándo se refiere a Adonai, a Jesús o a otra persona, porque kyrios es un título usado para Cristo o algún ungido. Esto ha sido causa para erróneamente considerar a Jesús como dios.

Otro error se introdujo cuando se seleccionó a Jehová como el señor dios de Israel. Siendo el antiguo dios Levantino, Jehová era considerado como un guerrero divino [19] desde los territorios de Egipto y Libia hasta Turquía, y de Grecia hasta Irán [47]. De esto no hay duda alguna, ya que la conquista judía de Caná se llevó a cabo a base de espada y sangre, arrasando con toda semblanza de vida, joven o vieja, hombre o mujer, humano o animal, a veces hasta desenterrando los cimientos de las ciudades para que no quedara piedra sobre piedra. La conquista judía se convirtió en un tumor feroz, eliminando a la misma humanidad de sus raíces nativas como si fueran una epidemia sin esperanza de sanarla.

En la antigua literatura bíblica, los atributos de Jehová son parecidos a los de los dioses de la tempestad y de la guerra, típicos de los mitos del medio oriente antiguo [23].

"Jehová marcha en la tempestad y el torbellino, y las nubes son el polvo de sus pies." Nahum 1:3.

"Jehová es Dios celoso y vengador." Nahum 1:2.

"Con tempestad y piedra de granizo." Isaías 30:30.

Jehová demostró ser un dios celoso, vengativo, intolerante, injusto, y como se diría de "muy pocas pulgas" que causó la muerte de cualquiera que lo desobedeciera, contrariamente a lo que cualquier padre de familia haría con sus hijos. Hasta el mismísimo Moisés perdió su vida a causa de un momento de furia después de tener tanta tolerancia, devoción y entrega, algo que Jehová jamás demostró. Si creer que un dios debe quitarles la vida a sus propios hijos como si fueran hormigas indefensas a la merced de un exterminador profesional, estamos en un grave problema.

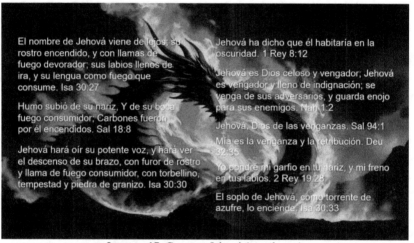

El nombre de Jehová viene de lejos; su rostro encendido, y con llamas de fuego devorador; sus labios llenos de ira, y su lengua como fuego que consume. Isa 30:27

Humo subió de su nariz, Y de su boca fuego consumidor; Carbones fueron por él encendidos. Sal 18:8

Jehová hará oír su potente voz, y hará ver el descenso de su brazo, con furor de rostro y llama de fuego consumidor, con torbellino, tempestad y piedra de granizo. Isa 30:30

Jehová ha dicho que él habitaría en la oscuridad. 1 Rey 8:12

Jehová es Dios celoso y vengador; Jehová es vengador y lleno de indignación; se venga de sus adversarios, y guarda enojo para sus enemigos. Nah 1:2

Jehová, Dios de las venganzas. Sal 94:1

Mía es la venganza y la retribución. Deu 32:35

Yo pondré mi garfio en tu nariz, y mi freno en tus labios. 2 Rey 19:28

El soplo de Jehová, como torrente de azufre, lo enciende. Isa 30:33

Imagen 17: Como es Jehová (*wepik.com*)

En el Viejo Testamento, la frase "temor de dios" aparece unas 8 veces. Aparecen unas 21 variaciones de "temedle a dios" sino más, y "el señor castigará" unas 43 veces. Veamos también las maldiciones de dios, como la que encontramos en Gálatas 3:10, *"Malditos todos los que no observan y obedecen todos los mandamientos escritos en el Libro de la Ley de Dios."* ¿No es esta la imagen de un dios cruel y condenador?

Veamos otros versículos como Judas 1:9, *"Dios te reprenda."* En Salmos 6:1 y el 38:1, dice, *"Oh Señor, no me reprendas en tu ira, o me disciplines en tu ira."* Isaías 66:15 dice, *"Traerá castigo con el furor de su ira, y el fuego llameante de su ardiente represión.*"

El carácter violento de ese dios, cegado por su destemplada venganza e incontrolable furia, no cuadra con las palabras de Jesús, ¿o sí? Con razón, el dios de Israel es nada más y nada menos que el antiguo dios de las tormentas y la guerra quién trata a sus hijos como un sargento de instrucción militar, aplicando cada detalle incluido en las normas de castigo llamadas "*los códigos de conducta militar*" en nuestros tiempos modernos. Entonces esto clasificaría a la religión como una institución militar, escondida detrás de un disfraz que aparenta amor incondicional y paz ... que no lo es. La religión te habla de amar al prójimo, pero al mismo tiempo nos recuerda de los resultados de desobedecer a dios. Ahí está el código militar de la religión, muy escondido, hasta que hace falta sacarlo a relucir. Veamos el celo guerrero de las religiones, las sangrientas batallas de seres programados no para el bien sino por el odio y el miedo, los crímenes inhumanos en los conflictos de cada día, y la naturaleza partidista de la fe. ¿Cuánto genocidio no se ha cometido en el nombre de dios? ¿Para qué necesitamos una religión errónea que promueve el castigo a su antojo? Ser como Jehová, no es el destino de la humanidad.

En los tiempos antes del cautiverio babilónico, Israel adoró a Jehová junto con *El* (quien reinaba sobre los dioses [48]), *Ashera* era su acompañante, y *Baal* (el señor [49]) su hermano. Pero después que regresaron a Judea, estos dioses paganos se incorporaron de otra forma en la religión Yahvista. *El* y Elohim continuaron siendo el concilio de los poderosos. Jehová se convirtió en el señor de Israel y el representante del concilio. Pero el señor guerrero Baal, hermano y enemigo de Jehová, fue censurado y hecho ver como el malo de la película; una acción que resuena demasiado análoga a la historia de Caín y Abel. También Set y Horus, Satán y Jesús.

Con tantos cambios y errores territoriales cometidos por miles de años, lo que antes era una mitología ya desglosada de la realidad se convirtió en una verdadera pesadilla que ya no hay forma de arreglarla o acomodarla más. La religión dio toda la distorsión que podía dar, y el tiempo de su santo escondite se terminó. Aquí sale a la luz lo que es, de dónde es, y para qué es. Sería una locura seguirle haciendo caso a promesas de amor y pagando para seguir apagando al verdadero amor y bienestar de la humanidad con errores y mentiras.

Imagen 18: Set y Horus (*Bing Image Creator*)

La verdad está adentro de uno mismo. Es el acto de saber lo que sentimos y educarlo progresivamente. Si quieres conocer a dios, solo tienes que ser valiente, sincero contigo mismo, conocer la verdad de lo que sientes y piensas, y aplicar lecciones y acciones sabias para elevar tu calidad espiritual. ¿Y por qué razón debe ser este el camino? El que ensucia su hogar, su hogar sucio será. Si tu actitud ensucia al mundo, tu mundo sucio será, afuera y dentro. Cada uno es parte del mundo donde vive contribuyendo a ensuciarlo o a limpiarlo, porque tal como es por dentro, así es por fuera. Progresar nuestro estado de limpieza interna, limpia el exterior. Conocerse por dentro, y ahí llegar a no albergar negación o destrucción, construye a la fortaleza de tu propia creación.

Ese es el camino. Otra religión o estudio no hay.

- *Otros conceptos de dios*

Aparte del enorme espacio devocional que ocupa la religión, hay otros conceptos de dios que se deben tomar en cuenta. Por ejemplo, dios también puede ser una idea que no necesita ser real o comprobada, una fantasía conducida exclusivamente por una emoción personal o fe que no requiere evidencia. Esto es cierto para las personas que creen haber sido contactadas por dios, Jesús, santos, energía, u otros seres tanto de calibre celestial como físico, pero la información que estos seres dan no cuadra con la realidad y no es de fiar. Sin tener una preparación adecuada para saber qué ser les contactó, no sabemos si fue alguien avanzado, un demonio, o el propio ego de la persona.

Imagen 19: actor disonante (*Bing Image Creator*)

En algunas ocasiones, individuos llegan a pensar que ellos mismos son el propio supremo omnipotente. Existen varios casos donde individuos profesan ser algo menor que el supremo, pero alguien de importancia de todos modos. La persona puede llegar a pensar que es un ser espiritual de estado celestial superior a los demás, o alguien de origen extraterrestre en una misión santa. En otros casos, como muchos canalizadores en la actualidad, piensan que fueron escogidos por algún ser más avanzado para que den predicciones y mensajes a la humanidad.

Lo más interesante de estos casos es que estas personas desconocen críticos detalles sobre las vidas y hábitos de por quién se hacen pasar, desconocen los calabozos de sus propios egos, cometen graves errores científicos, sus predicciones pasan sin suceder, y no son capaces de enfrentar su estado de disonancia cognitiva. Aunque muchos se den cuenta del engaño que los cubre, o se lo hagan saber, no escuchan a la razón.

En general, existe un trastorno de la personalidad para describir la tendencia de estar absorto en la admiración de sí mismo y se conoce como el complejo de dios o narcisismo. Los síntomas, como el propuesto *"trastorno del Mesías,"* se parecen mucho a los que se encuentran en individuos con aires de grandeza, o sufren de albergar autoimágenes grandiosas que se dirigen hacia el delirio [50].

Hoy en día, Jesucristo se encuentra en el centro de la fe cristiana. Muchas personas por todo el mundo que se consideran ser cristianas identifican a ciertas otras como el Mesías prometido, convencidas solo por razones de apariencia, palabras, gestos físicos, o simplemente por su forma de hablar o conveniencia; no por la evidencia. Estas personas erróneamente creen que Jesús regresará, pero veremos más adelante que esto no es nada cierto y fue un invento tanto de Pablo como de otros detallistas de la religión cristiana. De todas formas, estos supuestos cristos regresados muestran varios aires de grandeza sin darse cuenta de los graves errores que los fundadores de la iglesia cometieron para promover un regreso de Cristo que jamás sucederá [51].

Aquí hablaremos de algunos individuos que se creen ser la reencarnación de Jesús. La lista es mucho más larga de aquellos que dicen obrar en el nombre de Dios, o de Jesús, algo que no es bíblico como también verán.

- Sergey Anatolyevitch Torop: estableció la iglesia del Último Testamento. Sergey, ahora Vissarion, trabajó como policía de tráfico en Rusia. Después, se auto denominó como el Cristo. Las enseñanzas de Vissarion roban principios del hinduismo, budismo, paganismo, Apocalipsis, colectivismo, y la iglesia Ortodoxa Rusa. Un aspecto fundamental de su creencia es la "mente del espacio exterior" o extraterrestre. O sea, tira hacia la Nueva Era.

- Oscar Ramiro Ortega-Hernández: trató de asesinar al presidente Obama disparando nueve veces contra la Casa Blanca y fue arrestado. Creía firmemente que él era la reencarnación de Jesucristo cuya misión era detener al Anticristo de gobernar el mundo.

- Wayne Bent: conocido como Michael Travesser, es el líder de la iglesia del Señor de Nuestra Justicia, una secta con sede en Nuevo México. En 1987, sirvió como pastor de los Adventistas del Séptimo Día [52]. En el año 2000, según Bent, Dios le reveló que él era Jesucristo. Desde el año 2008, Wayne Bent ha estado en prisión, cumpliendo una sentencia de 10 años por abusar de una chica de 16 años.

- José Luis de Jesús Miranda: afirmaba ser el Mesías y también el Anticristo. Miranda enseñó la doctrina de que el pecado y Satanás no existen. En 2013, su esposa Josefina Torres reveló a través de un mensaje en YouTube que Miranda había muerto debido a una cirrosis hepática.

- Apolo Quiboloy: fundador y líder del Reino de Jesucristo El Nombre Sobre Todo Nombre, una iglesia con sede en Davao City, Filipinas. Quiboloy afirma ser la reencarnación de Jesucristo. Según él, Dios le ha confiado la filiación y lo ha designado para ser el salvador de los gentiles o de los no judíos. Quiboloy era predicador de cierta denominación cristiana en las Filipinas. Quiboloy es respetado y buscado por muchos políticos filipinos debido a su gran número de seguidores.

- Ahn Sahng-Hong: conocido como "Cristo Ahn Sahng-Hong," fundó el Movimiento Cristiano de Corea del Sur, la Sociedad de Misiones Mundiales Iglesia de Dios o WMSCOG. Ahn Sahng-Hong también afirmó que era la reencarnación de Jesucristo en la era del Espíritu Santo. Sahng-Hong fue otro miembro activo de la iglesia Adventista del Séptimo Día. Las enseñanzas de Ahn Sahng-Hong van completamente en contra de la doctrina de la Trinidad al añadir Dios Madre. Sin embargo, la frase "Dios Madre" no existe en la biblia.

- Alán John Miller: antes de afirmar que es la reencarnación de Jesucristo, trabajó como especialista en informática para una empresa australiana. Él afirma que su compañera, Mary Luck, es María Magdalena, la prostituta cuya vida cambió después de que Jesucristo la rescatara de sus perseguidores; una historia que fue añadida en la biblia años después y demuestra la influencia religiosa en nuestra falsa percepción.

- Inri Cristo: se viste y luce bastante parecido a Jesucristo, excepto por el hecho de que tiene 66 años y conduce un scooter cuando no está ocupado predicando. Inri Cristo vive en una granja a las afueras de Brasilia, que dice ser la Nueva Jerusalén. A pesar de que muchos lo tildan de loco, este anciano se las arregló para atraer a cientos de seguidores de todo el mundo. Y te sorprendería saber que la mayoría de ellos son mujeres hermosas que se dedican a servirle. Inri Cristo afirma que Dios le habló en el 1979, revelándole que era la reencarnación de Jesucristo. Desde entonces, ha estado en 27 países declarándose como el salvador.

- Moisés Hlongwane: en 2013, este sudafricano apareció en el Canal de África de eNews para declarar públicamente que es la reencarnación negra de Jesucristo. El también afirma que es inmortal. Algunos seguidores le están dando todas sus posesiones, tal como Paúl Sibiya de 84 años que da su pensión completa como ofrenda cada mes. Pero lo que es más alarmante es el hecho de que muchos de sus seguidores están abandonando a sus familias, al igual que Sibiya que ha dejado a su esposa Alfin, para estar cerca de su "dios."

- David Shayler: fue un agente británico que trabajó para el MI5. Pero en 1997, cometió un terrible error al acusar al MI5 y al MI6 de realizar actividades ilegales y de mala gestión. Sus audaces acusaciones eventualmente lo metieron en un problema: su carrera se arruinó, fue encarcelado, su novia lo dejó y nadie más lo contrató. Curiosamente, estas desgracias de la vida lo llevaron a creer que él es el Mesías, la reencarnación moderna de Jesucristo. Afirma con firmeza que tiene poderes sobrenaturales y que puede controlar los resultados del fútbol, afectar el clima e incluso detener las amenazas terroristas. Además, te sorprendería saber que este hombre que dice ser Jesucristo es un travestido. Se viste como una mujer y se hace llamar Dolores Kane. David Shayler fue una vez un hombre elocuente que pasó de ser un excelente agente del MI5 a un "Jesús travestido" sin hogar.

- David Koresh: fue expulsado de la Iglesia Adventista del Séptimo Día, y después considerado líder y profeta de la secta religiosa de los Davidianos de la Rama, más la reencarnación de Jesús. Los Davidianos, cuyo origen surgió de Víctor Houteff y la Iglesia Adventista del Séptimo Día, se convirtió en el refugio de muchos seguidores adventistas [53].

- *El apetito de la intervención*

Podemos apreciar por medio de las personas previamente nombradas que la auto sugerencia religiosa, cuya base se está demostrando ser falsa, es la principal causante de tanto desvió humano hacia la grandeza, o la locura. La religión ha abierto el apetito humano por intervenir en la vida de los demás, crear conflicto entre ideologías, y desear ser un maestro o dirigente de las masas usando toda manera o forma posible para lograrlo, incluyendo la muerte.

Entre las religiones cristianas, vemos que la iglesia Adventista del Séptimo Día ha jugado un papel vital en la creación de figuras públicas que creen ser la reencarnación de Jesús. Pero la doctrina del adventismo no cesa de influenciar los campos religiosos, espirituales, y de la Nueva Era hasta estos días. Gardner observa similitudes entre el adventismo y las enseñanzas de El libro de Urantia, y ve esto como una evidencia de que William Samuel Sadler y Wilfred Custer Kellogg (ex dirigente adventista) tuvieron un papel en la edición o escritura del libro ya que ambos apoyaron el adventismo [54] por un tiempo. Por ejemplo, dos creencias adventistas básicas que distinguen el adventismo del cristianismo tradicional son las doctrinas del aniquilacionismo y el sueño del alma, las cuales El libro de Urantia también apoya [55].

Adicionalmente, los escritos que se encuentran en el libro de Urantia consisten de información científica basada en los conocimientos de los años 1920, información que desde entonces se ha corregido [56]. Por ejemplo, tenemos la manera en la que se formó el sistema solar, distancias galácticas, cómo giran los planetas en cercanía a sus estrellas, espontánea evolución de las especies basadas en una sola mutación, fechas de eventos históricos y celestiales, y conceptos eugenistas sobre las razas humanas.

Si bien ahora existen bases de más información científica, educación civil más avanzada, e informes en línea disponibles para sacar a la luz tanto "teléfono descompuesto" en las doctrinas religiosas, la humanidad continúa escuchando ciegamente la voz autoritaria de la religión. Siendo así, ¿cuánto más no habrá vivido el ser humano desapercibido de la verdad en tiempos pasados cuando la información no estaba tan libremente disponible?

Ahora que la ciencia y los sistemas de comunicación han avanzado comparado con tiempos los antiguos, ¿en qué nivel ponemos la velocidad de la desinformación, ocasionada por escritos como Urantia, diez de miles de ministros religiosos, y supuestos canalizadores de alienígenas que divulgan información y profecías sin mostrar prueba alguna?

En nuestros días, ya no es tanto el tema del significado de Dios lo que importa. Esa polémica más bien ya pasó de moda. Hoy nos enfrentamos a un nuevo horizonte de esqueísmo (justificar conducta tóxica y no buscar solución), autoengaño, presunción y delirio donde se le rinde homenaje a un nuevo mundo de fantasía en vez de a la realidad. La sociedad actual en su mayoría carece de escrúpulos y no le importa verificar la verdad, una tradición de no reprender los aires de grandeza del ego, una vida entregada a la búsqueda de ser reconocido.

A lo largo de las épocas, tanto la religión como otras costumbres esotéricas, nos han llevado más allá del borde de la razón con un precio que es la adoración propia. En todas las partes del mundo y tiempos surgieron hombres cuya astucia buscó aprovecharse del sufrimiento humano. Su sagaz ego inventó salvadores para alimentar sus deseos de controlar a la gente, inventando religiones y formas de organizarse sólidamente.

En este mundo, vamos a encontrar personas que están más secas de espíritu que una pulga en un zorro disecado, pero se creen ser todo lo contrario. Algunas creen ser nada menos que el mismísimo Dios, o su Hijo de repente, el único que te puede salvar o evolucionar. Otras creen haber recibido poderes especiales, algún mandato de servir como embajador estelar, misión de sanar a la humanidad; aunque las miserias y las guerras se incrementan a diario y los hospitales siguen llenos hasta el tope. Parece haber más seres de luz en el planeta que autos en la carretera, todos elegidos para recibir mensajes de otros mundos, todos tienen la verdad absoluta, y todos indudablemente han sido afectados por la ilusión religiosa.

Al otro extremo, hay personas que por años les hicieron caso a las iglesias y terminaron sintiéndose ineptos, dependientes de un salvador, o de la intervención cósmica. Estas personas creyeron en las palabras de otro ser, no en la voz de su interior, y son víctimas de la manipulación mental a la que voluntariamente se sometieron.

Si las enseñanzas religiosas y sus constantes cambios trajeron al planeta hasta este punto, sea por insistencia o dominio doctrinal, por más cambios que sigan haciendo a sus dogmas no mejorarán nuestra realidad, paz, y salud en el futuro.

La solución para saber cómo vivir no se encuentra en la mitología antigua o la modalidad verbal de otros seres inventados, no importa cuántas diferentes fuentes se mezclen. La respuesta se encuentra dentro de nuestra propia voz sutil, en la honestidad necesaria para saber lo que sentimos, comprenderlo y corregirlo. Si tanto es afuera como adentro, entonces obteniendo maestría desde adentro entenderíamos lo de afuera. Para conocer adentro, escuchemos adentro, no a las voces de afuera. La puerta de la verdad se encuentra cuando no hacemos caso a nuestros caprichos internos. O sea, negar nuestros deseos innecesarios y sin fundamento benigno, uno de los cuales es querer ser salvado o escogido irresponsablemente por un Dios inventado.

- *¿Es Dios un hombre?*

La respuesta es; no. Aquí se descubre todavía otro error bíblico. Dios es todo, tiempo, espacio, átomos, pensamientos, alma, inteligencia, energía, dimensiones, pasado y futuro. Todo lo que hay, todo lo que somos, positivo o negativo, es esa inteligencia infinita de todo lo que es y existe. Todo eso es lo que erróneamente se le llamó "Dios," la coordinación o conexión de todo lo que es, existe y se mueve. Vivimos dentro de Él, somos parte de Él. Para demostrarlo, aquí les comparto estas citas:

• Números 23:19. *"Dios NO ES UN HOMBRE que debe mentir; tampoco un HIJO DEL HOMBRE que debe arrepentirse."*

• 1 Samuel 15:29. *"La gloria de Israel no miente o se arrepiente porque NO ES UN HOMBRE."*

¿Ven cómo se contradice la religión y usan la biblia cuándo y cómo mejor les parece?

Si Dios no es un hombre, o un hijo del hombre, entonces esa persona Jesús, a quien le decían el "hijo del hombre," NO ES DIOS. Pensemos que, si un ser todopoderoso es infinito, entonces no puede ser alguien que imaginamos como finito, ya que ahí estaría limitada su existencia y nos tendríamos que preguntar, ¿qué sigue después de Dios que cumpla con ser infinito? Si le damos un fin mental a la existencia de Dios, en ese momento lo hacemos finito.

También consideremos Marcos 10:18 donde Jesús responde, *"¿Por qué me llamas bueno? Nadie es bueno, solo Dios lo es."* Entonces, en este versículo, el mismo Jesús nos está confirmando que él no es ni bueno, ni es Dios.

- *El auto engaño mortal*

La influencia de la religión no se limita a un edificio, libro, dogma, o grupo. Es fácil apuntar el dedo a una religión o biblia como si fuera algún problema externo que exclusivamente causa el dolor humano, sin darnos cuenta que cada uno de nosotros, nuestro ego por decir, es en sí una religión propia basada en nuestra oscura realidad; un concepto que busca crecer y expandir al igual que un virus, usando a otras personas como su fuente de suministros. ¿De dónde nacieron las religiones, si no de un concepto personal que engrandeció al ego de alguien, lanzándolo a convencer a otros de algún beneficio para engrandecerse aún más? Convencer a otros es robar almas, y hablar sin pruebas es nada menos que un chisme.

Todo aquel que insiste en promover su creencia está inspirado por un deseo oculto de sentirse superior y busca la forma de engrandecerse aún más, cegado por el poder al que disfraza de una falsa ayuda y dedicación al ser humano. El propósito detrás de un acto cuenta más que el mismo acto, y el deseo de hacer buenas obras no deben resonar con la inflación de la auto estima personal. En realidad, promover es un esfuerzo de desviar almas de su camino para aplacar culpas propias, recibir fama, y ser servido. Eso es, religión.

La verdad es lo que es, no necesita promocionarse, ni maestros o representantes para estar en lo correcto. Tampoco necesita ser enseñada; solo somos nuestros propios maestros y no de los demás. Es la responsabilidad de cada uno de buscarla sin depender de otra persona, ni de escritos u oratorios, porque el aprendizaje viene del "sentir" y comprender lo de adentro, no del "escuchar" a otros para poder sentir según ellos. Escuchamos otras voces porque sentimos que algo nos falta y en otra persona lo vamos a encontrar, pero no somos capaces de buscar adentro dónde toda respuesta se dará a medida que la vallamos necesitando.

Desde mi entendimiento, Dios es una energía creativa e inteligente, una mente infinita que abarca todo lo que existe incluyendo energía, materia, dimensiones, tiempo y espacio, pensamientos, ideas, planos de sabiduría, y almas. O sea, Dios no es un ser ni físico ni celestial. Dios es una combinación de toda existencia, y nosotros somos componentes de ese concepto infinito en lo que es la creación cósmica.

"Ciego quien no ve el sol, necio quien no lo conoce, ingrato quien no le da las gracias, si tanta es la luz, tanto el bien, tanto el beneficio, con que resplandece, con que sobresale, con que nos favorece, maestro de los sentidos, padre de las sustancias, autor de la vida." – Giordano Bruno.

[1]   *www.msn.com/en-us/news/world/these-5-historical-truths-suggest-jesus-christ-may-have-never-existed-opinion/ar-AA1fkMA0?ocid=msedgntp&cvid=0ab7c03e91be403b9e69ff71b9d237ba&ei=16*

[2]   Julius Pokorny, *"Indogermanisches Etymologisches Woerterbuch,"* entrada 322, pp 183

[3]   *etimologias.dechile.net/PIE/?dyeu*

[4]   *es.wikipedia.org/wiki/Dios#cite_note-deiw2-3*

[5]   *www.blueletterbible.org/kjv/mat/6/9/s_935009*

[6]   *es.wikipedia.org/wiki/Olimpo*

[7]   Juan 5:40

[8]   Juan 5:41

[9]   Sanhedrin 43a, Sanhedrin 43b

[10]   Luc 24:51, Mar 16:19

[11]   Roberts, Edward A.; Pastor, Bárbara (2005). *"deiw"*. Diccionario etimológico indoeuropeo de la lengua española. Alianza. pp 34

[12]   *en.wikipedia.org/wiki/Dyēus*

[13]   Mat 6:24

[14]   Gen 1:3

[15]   Mar 14:36

[16]   Luciano de Samosata, *"The Passing of Peregrinus"*

[17]   Jehová (YHVH): *"soy y seré quién soy y seré,"* sacado de Adonai mis señores. Etimología de Jehová, *etomologias.dechile.net*. Señor, dueño, jefe (Strong's H3068 y H3069) *www.blueletterbible.org*

[18]   *en.wikipedia.org/wiki/Adon*

[19]   *en.wikipedia.org/wiki/Yahweh*

[20]   *"El nombre de Dios, Jehová, grabado en un templo egipcio."* Jw.org. Génesis 36:17-18, Números 13:26

[21]   Anderson, James S. (2015). *"Monotheism and Yahweh's Appropriation of Baal"* (PDF). Bloomsbury

[22]   Herrmann, W. (1999), El. En Van der Toorn, Karel; Becking, Bob; Van der Horst, Pieter W., eds. *"Dictionary of Deities and Demons in the Bible"* (2da edición). Leiden: Brill Publishers, pp. 274-280, 352-353

[23]   *en.wikipedia.org/wiki/El_(deity)*

[24]   *es.wikipedia.org/wiki/Baal*

[25]   Jastrow, Jr., 1911, pp 217-219

[26]   Robert Taylor, 1829, The Diegesis pp 180

[27]   *es.wikipedia.org/wiki/Amón*

[28]   *en.wikipedia.org/wiki/Dionysus-Osiris*

[29]   Real Academia Española. *"Dios."* Diccionario de la lengua española (23ª ed)

[30]   *es.wikipedia.org/wiki/Sánscrito*

[31]   *www.worldhistory.org/Egyptian_Mythology*

[32]   *en.wikipedia.org/wiki/List_of_people_who_have_been_considered_deities*

[33]   Wick, Peter (2004). *"Jesus gegen Dionysos? Ein Beitrag zur Kontextualisierung des Johannesevangeliums."* Biblica (Roma: Pontificio Instituto Bíblico) 85 (2): 179-198. Consultado el 10 de octubre de 2007

[34]   Burkert, Walter, *"Greek Religion,"* 1985, pp 64, 132

[35]   Mat 26:15

[36]   Mat 27:7

[37]   *"Can we trust the New Testament? Thoughts on the reliability of early Christian testimony,"* George Albert Wells, pp 18, Open Court Publishing, 2004

[38]   Hornung, Erik; David Lorton (2001). *"The Secret Lore of Egypt: Its Impact on the West."* Ithaca, Nueva York: Cornell University Press. pp 60

[39]   *www.tektonics.org/copycat/zoroaster.php*

[40]   *www.leonhunter.com/como-era-el-culto-a-mitra*

[41]   *sotero.com.mx/hoy-nace-huitzilopochtli-a-dios-sol-su-ponche*

[42]   Pearse 2018

[43]   Schmidt, T. C. (2010). *"Hippolytus of Rome: Commentary on Daniel."* Archived 5 November 2021 at the Wayback Machine

[44]   *doesitsnowin.com/bethlehem/*

[45]   *www.canr.msu.edu/news/preparing_goats_and_sheep_for_winter_weather*

[46]   *es.wikipedia.org/wiki/Adonai*

[47]   *en.wikipedia.org/wiki/Levant*

[48]   Golden 2009, pp 182

[49]   Smith 2002, pp 19-31

[50]   *en.wikipedia.org/wiki/Messiah_complex*

[51]   *zonaj.net/noticia/2922/2/personas-reencarnacion-jesus*

[52]   *en.wikipedia.org/wiki/Prophecy_in_the_Seventh-day_Adventist_Church*

[53]   *es.wikipedia.org/wiki/Davidianos*

[54]   Gardner, Martin (1995), *"Urantia: The Great Cult Mystery."* Prometheus Books

[55]   House, H. Wayne (2000), *"Charts of Cults, Sects, and Religious Movements"*, Zondervan

[56]   *en.wikipedia.org/wiki/the_Urantia_book#Comparison_to_Christianity*

Capítulo III: *Un Dios Feroz Indiferente*

Tanto una lista interminable de teólogos curiosos como ministros titulados por diferentes sistemas eclesiásticos no han podido responder a una gran e inmemorial incógnita que continúa vergonzosamente infamando la reputación de toda franquicia religiosa. A la mención de tal enigma, la cual no es la única, varios relatos religiosos considerados como originales misteriosamente se borran de la mente de supuestos eruditos. Al mismo tiempo, expertos rápidamente se desligan de la discusión a mano, proveen explicaciones no muy fiables, se aferran a las interpretaciones modernas de la biblia, y esperan que las multitudes se conformen con su carismática distracción, se olviden del asunto por completo, o el tiempo se haga cargo de hacer desaparecer el enigma como si fuera una tormenta tropical que pasa y se va.

La enigmática pregunta es, ¿por qué razón no le quitó Dios la vida a Satanás al principio cuando se reveló contra Él, pero si al humano cuando erraba en lo más mínimo? Si Dios lo sabe todo, ¿por qué creó al traicionero Satanás y al endeble humano, y los juntó, sabiendo el futuro de sangre y sufrimiento que causaría?

La simple respuesta, manejada en su mayoría por las iglesias tal como la Adventista del Séptimo Día, ha sido que Dios no quería que sus creaciones le tuvieran miedo, y menos convertir a Satanás en un mártir delante del universo. Esa respuesta suena tan pasional que estaría buena para convertirla en otra novela tal como lo es la biblia. Pero el que tiene un poco de discernimiento enseguida se da cuenta que esto no cuadra en lo más mínimo porque a los mismos seres que Dios no quería que le temieran viven en pánico de un Dios que estalla y borra a sus hijos de la existencia por el más mínimo error. Vaya entonces, Dios no hizo de Satanás un mártir, pero sí de trillones de humanos. Perdón, pero que ignorancia.

Otra excusa que dan es que Adán y Eva insultaron y acusaron a Dios en el Jardín de Edén así ganándose la muerte, pero ¿cuánto más no lo insultó Satanás y todavía anda por ahí rondando? Otra excusa mucho más absurda es que Jesús tenía que morir para atrapar a Satanás en este mundo, asumir la responsabilidad por los humanos, y después darle su merecido a Satanás por todo el mal que causó. Ese Dios sacrificó a miles de trillones de seres en la Tierra, causó inimaginable sufrimiento, y salió ileso del asunto remendando su grotesco error matando a Jesús y al humano ... lentamente. ¿Es eso lo que se llama justicia santa? ¿Le gustaría que a usted se le aplique tal justicia?

Imagen 20: Dios feroz indiferente (*Bing Image Creator*)

Como apreciaremos más adelante, ninguna de estas excusas citadas por la religión es legítima, son todas inventadas y sin base confirmada. Sin sorpresa alguna, tales citas nos dejan un sabor a indignación reconociendo que el Dios bíblico es un ser feroz e indiferente—no amoroso. Dios muestra favoritismo por los reos que creó, pero aquellos que con la mejor intención luchan por conducir una vida comparativamente más cadenciosa les asegura la muerte. Por ejemplo, ¿por qué tuvo que morir Abel, que era inocente, y por qué se protegió a Caín que fue el que lo mató? La evidencia de que Dios es injusto, irresponsable, genocida y antipático es indiscutible; los números de las matanzas de Jehová no mienten, apoyando esta opinión.

La biblia documenta un total de 159 matanzas donde Jehová, el que dio la orden de "no matar," es el ineludible responsable. De esas matanzas, Jehová se encargó personalmente de llevar a cabo 107 muertes. Alrededor de 2.821.364 muertes enumeradas, sin contar las no enumeradas como los que perecieron en el diluvio, Jericó, los egipcios inocentes que murieron en el Éxodo, y muchos más, fácilmente elevaría el número de muertos a más de 205 millones [1]. Tampoco se sabe con precisión los millones que murieron en los tiempos después de Jesús como durante la Santa Inquisición, el Coliseo Romano, los nativos americanos que padecieron a cuchillo y por enfermedades europeas, las guerras religiosas, etc., muertes que según la ley de Jehová justificaba limpiar al mundo de infieles. Así, Jehová demostraba su santa justicia e incomparable gloria. ¿Qué tal? Se estiman que 85 millones de personas murieron durante la segunda guerra mundial [2] y 40 millones en la primera [3]; Jehová fácilmente causó el doble o el triple de esas muertes.

Como referencia, en la Tabla IV más adelante se pueden apreciar los 159 eventos de las muertes causadas u ordenadas por Jehová con detalles. En un caso, Jehová mata a 500.000 de sus propios hombres simplemente porque se lo piden seguidores fieles (*Tabla IV evento 121*). En Egipto, la muerte de los primogénitos fácilmente sobrepasó los 500.000 (*Tabla IV evento 11*). Se estima que el número de soldados egipcios que murieron en el Mar Rojo era un contingente de 650.000 (*Tabla IV evento 13*). Más de 500.000 israelitas murieron por agobio en el desierto, dando viajes de hasta 400 kilómetros quien sabe cuántas veces sin poder entrar a Caná (*Tabla IV evento 30*).

Existen muchos otros eventos que no forman parte de esta lista de muertes como la de *Jeroboam* y los que fallecieron en las conquistas del imperio de Babilonia. El mismo Moisés tuvo que morir porque se enojó una sola vez y no ejecutó una orden de Jehová exactamente. Y la lista continúa.

Como dijo Thomas Paine:

"Creer en un Dios cruel, hace al hombre cruel," y también *"[la biblia] es una historia de maldad que ha servido para corromper y brutalizar a la humanidad; y, por mi parte, la detesto sinceramente como detesto todo lo que es cruel."*

Imagen 21: Dios y sus creaciones (*Bing Image Creator*)

Vemos que Jehová no tiene prejuicio para matar, y no le importa edad, género, lugar, razón, o niños; todo es una buena excusa para matar. Si somos realistas y vemos lo que Jehová hizo en el Jardín del Edén—aunque no sucedió tal como dice la biblia—por culpa de una pareja, todo ser humano fue condenado a morir inocentemente y estamos hablando de miles de trillones de seres que viven un proceso de lenta exterminación, ignorados como hijos y apartados de la voz consejera celestial—excepto unos pocos escogidos—para asegurar nuestra muerte como bestias del campo.

Sin duda alguna, ese ser imaginario al que la biblia llama Dios o Jehová no nos quiere. Parece como que nos quiere mantener vivos lo suficiente para disfrutar de una aventura como la de un cazador de safari en el Serengueti.

Para comparar, si vemos cuantas muertes causó directamente el ser más odiado y temido de toda la creación, Satanás, el número de sus víctimas son 10. Entonces, ¿quién es el peor enemigo del terrestre, Jehová o Satanás? Siendo así, ¿quién fue el que nos dio el ejemplo de cómo matar y por qué razones? ¿No seríamos más pacíficos si no tuviéramos a Jehová en nuestras vidas? ¿No será Jehová el mismísimo Satanás?

- *Jehová, su moral y falso amor*

Dejemos a un lado la crueldad de Jehová por un momento y veamos otro aspecto muy importante de este ser imaginario. Consideremos el ejemplo moral, amoroso y respetuoso que este supuesto Dios no nos demuestra en la biblia, sino todo lo opuesto.

Según el Clarín Internacional [4], la biblia se prohibió en varias escuelas de los Estados Unidos por una denuncia hecha por el padre de un alumno porque invoca "pasajes sobre incesto, violaciones y prostitución." Esto no nos debe de sorprender. Aunque la ley bíblica por un lado denuncia el incesto [5], las violaciones, y la prostitución, vemos claramente que el pueblo de Jehová infringía estas leyes sin consideración. Pero el pueblo no era el único violador de la ley. El mismo Jehová ordenaba que se cometieran estas infracciones, hasta mataba a sus hijos cuando no las cumplían, haciendo de los protagonistas bíblicos, escritores, y al mismo Dios los principales transgresores de su propia ley.

En las citas que se encuentran en la Tabla III más adelante, se muestran algunos de los versículos que sellaron la decisión gubernamental de prohibir la biblia en el sistema educativo, citas sacadas directamente de los escritos bíblicos y claro, no es una lista completa.

Las infracciones cometidas en la biblia se originan desde Adán—primer hombre sin pareja en el Jardín del Edén—quien termina casándose con su propia costilla porque no había de otra. Jehová durmió a Adán y de una costilla le creó una mujer. Genéticamente, se puede decir que Adán se casó con su hermana gemela en un acto de "auto incesto" difícil de ignorar, tirando al travestismo, narcisismo, y corrupción sexual. Pero eso no es todo.

Los textos del *Bereshit* claramente indican que Jehová diseñó la multiplicación y distribución del humano basada en relaciones consanguíneas comenzando con Adán y sus hijos. Set, hijo de Adán, se casó con su hermana "*Azura* [6]," pero hay un problema; esta información se encuentra en el Libro de Jubileos (100 AC) y no en la biblia.

Caín se consiguió una mujer en la tierra de Nod (vagabundo) al este del Edén [7], pero la biblia tampoco dice con quién fue. Este misterio se agrava aún más revisando otros textos como el Libro de Jubileos donde la esposa de Caín se llamaba "*Awan* [8]," y era su propia hermana, no que se la encontró en otra tierra fuera del Edén. La contradicción continúa en el segundo libro de Adán y Eva [9] donde indica que Caín se casó con su hermana "*Luluwa*." Esta situación se complica aún más con el *Seder Hadorot*, libro de las generaciones, y el *Codex Judaico* donde la narración explica que las hermanas gemelas de Caín y Abel—con las que se casarían—se llamaban "*Kalmana*" y "*Balbira* [10]," respectivamente. ¿Cuál de estos textos es el correcto y qué evidencia hay que compruebe la versión correcta? La respuesta es, no hay versión correcta y *Bereshit* es simplemente una leyenda.

Esto es solo un pequeño ejemplo de los incontables ajustes, copias y cuentos que fueron elaborados en la biblia, hechas con el fin de agregar piezas de información de cualquier fuente a la mano sin tomar en cuenta evidencia sólida, legitimidad o el valor de la verdad. Si con estos pocos versículos, poco más de una docena, vemos tanta inconsistencia, imaginen cuántas más existirán en 31.102 versículos [11]. Cándidamente, no hay solidez alguna en los relatos bíblicos y no se deben usar para estudios históricos y menos espirituales o morales.

Al existir tanta discordia con los apelativos de los patriarcas bíblicos, según lo demuestran distintos textos tanto básicos como tradicionales, los estudiantes canónigos no encuentran la forma de reconciliar ciertos nombres y eventos en la biblia con semejantes enredos y falta de correlación, pero sí reconocen que Jehová fue el fundador del incesto humano ya que la biblia y otros escritos religiosos sistemáticamente lo confirman.

Existen inconsistencias indirectas en la evaluación de los nombres de los patriarcas bíblicos comenzando desde Génesis 1:27 donde el texto explica que en el sexto día ya había hombre y mujer, pero en Génesis capítulo 2 Adán se encuentra solo. Génesis 2:1 fortalece el capítulo anterior indicando que *"así fue que los cielos y la tierra fueron terminados, y toda su gente de ellos."* La historia que nos presenta la biblia de un Adán solitario en el séptimo día de la creación realmente no concuerda con el capítulo anterior.

Imagen 22: Lilit abandona a Adán (*Bing Image Creator*)

Para abatir el fuerte golpe de este monumental error a plena vista, líderes religiosos han propuesto que en el sexto día Adán tenía a *Lilit* como su pareja [12], pero ella lo abandono y por esa razón se encontraba solo en el séptimo día; que raro, una relación que no duró ni 24 horas. Hay que recordar que las fuentes donde aparece esta información no son consideradas legítimas y sus datos van en contra del *Tora* (libro de la ley judía).

El Alfabeto de Sirach, el Talmud Babilónico, el Libro de Adán y Eva, y el Zohar Leviticus, todos mencionan a *Lilit*, pero vemos que el *Bereshit* misteriosamente no. Es más, en textos cuneiformes de la antigua Sumeria, Asiria y Babilonia, *Lilit* significa espíritu o el demonio femenino de las tempestades (otra vez la palabra tempestad y su asociación con Jehová), la portadora de desgracia, enfermedad y muerte, escritos que datan desde los 3.000 AC [13]. ¿Por qué razón o con qué autoridad se incorporaron en la biblia datos específicos de otras fuentes y mitologías inciertas, pero otros datos de las mismas fuentes no?

Las discrepancias bíblicas continúan [14]:

	Información de una cita	Información diferente en otra cita	
Gen 1	Árboles frutales son creados antes que el hombre	Gen 2	Son creados después
Gen 1	Aves nacen de las aguas	Gen 2	Nacen de la tierra
Gen 6	Dos de cada especie entran al arca	Gen 7	Son siete parejas limpias y dos no limpias
Gen 8:4	El arca reposa sobre el Monte Ararat en el día 17, mes siete	Gen 8:5	Se ven las cimas de los montes el mes diez
Gen 8:13	La tierra está seca para el primer mes	Gen 8:14	No está seca hasta el 27 del segundo mes
Gen 35:10	Jehová le cambia el nombre a Jacobo por Israel	Gen 42:2	Jehová lo llama Jacobo otra vez
2 Sam 24:1	Jehová incita a David a realizar un censo, pero mata a 70.000 hombres con plagas cuando David hace el censo	1 Cro 21	Dice que fue Satán el que lo ordenó
Exo 29:38	Jehová pide sacrificios de animales y expiación	Jer 7:22	Jehová dice que no lo pidió
Jer 25:11	Predice 70 años de cautividad		Jerusalén cae en el 586 AC, los judíos regresan en el 538 AC. Son 48 años de cautividad, no 70 [15]
Mat 1:16	Jesús desciende de 26 generaciones de David hasta Jacobo marido de María	Luc 3:23	Descendió de Elí, 41 generaciones de David. Nombres/generaciones no dan
Mat 1:7	Jesús desciende de Salomón	Luc 3:31	Desciende de Natán
Mat 2:13	José y María se van a Egipto	Luc 2:22	Se quedan en Belén, van a Jerusalén, regresan a Nazaret
Mat 27:5-7	Judas regresa las 30 monedas, se ahorca, y sacerdotes compran el terreno del alfarero con el dinero	Hec 1:18	Judas compró el terreno, se cae en él, y se abre el vientre

Mat 27:46, Mar 15:34	"Dios mío, Dios mío, ¿por qué me has desamparado?"	Luc 23:46 Jua 19:30	"Padre, en tus manos encomiendo mi espíritu" "Consumado es"
Luc 24:2	La tumba estaba abierta	Mat 28:2	La tumba estaba cerrada
Hec 9:7	Los que estaban con Pablo escucharon una voz, pero no vieron a nadie	Hec 22:9	Vieron una luz, pero no escucharon nada

- ## Las matanzas de Jehová

Tanto el Viejo como el Nuevo Testamento contienen narrativas, poemas e instrucciones que alientan, ordenan, recompensan, regulan, y muchas veces justifican las acciones violentas de Dios [16], pero cuando se les extienden estas acciones a individuos, se les añade condena y castigo. Nuevamente, Dios no es castigado por el solo hecho de ser dios, sale ileso de sus crímenes, y otros pagan el precio en lugar Él. Entre los actos violentos de Dios encontramos guerra, sacrificio humano, sacrificio de animales, asesinato, violación, genocidio y el castigo penal [17]. Las religiones abrahámicas dan a conocer una larga historia de actos criminales que justifican con largos escritos bíblicos, pero al mismo tiempo las condenan cuando les conviene [18]. Por ejemplo, justifican la matanza de los canaanitas cuando los judíos tomaron a la fuerza las tierras de Caná, pero condenaron los ataques de otros pueblos contra ellos.

La mente creadora de la ley que cometió las más brutales y destacadas violaciones de sus mismas leyes fue Jehová; un ser que, por enojo, intolerancia, y apatía—por un mínimo error humano—echó de menos y condenó a toda la humanidad terrestre antes de su tiempo. Jehová, un ser todopoderoso y sabio, no supo corregir la situación del Edén sin que se derramara tanta lágrima y sangre por los siglos de la existencia humana. Un dios vengativo como Jehová no cualifica como un padre amoroso y responsable, sino más bien como un dictador apático que hecha a sus hijos como si fueran basuras ineptas, un déspota con un desprecio soberbio hacia la vida.

La iglesia Adventista del Séptimo Día y otras organizaciones religiosas justifican las acciones de Jehová en el Edén y el sufrimiento de todo ser humano desde los principios de la creación como la única forma en que Jehová podía resolver el problema del pecado original. De todos modos, según la religión, nuestro sufrimiento valdría la pena porque al final de los tiempos, los muertos fieles serían resucitados y llevados al cielo, y los infieles arderían en un lago de fuego para siempre. ¡Que despiole de filosofía!

Si así eran los planes de Jehová, ya que Él todo lo sabe y lo predice, ¿cómo es que no vio que tendría que destruir a la humanidad con un diluvio, después sacar a su pueblo de Egipto, entregarlos a los babilonios, romanos, católicos, nazi y quién sabe a cuantos más antes de la proyectada salvación? ¿Por qué razón llenó tumbas en tierra y mar con los restos de hijos a los que jamás aconsejo personalmente y los dejó al azar sin asumir responsabilidad alguna? ¿Y cómo va a decir Pablo que los fieles irán al cielo después de resucitar, cuando Jesús indicó que los fieles se quedarían y los infieles serían tomados [19]?

Es ilógico suponer que Jehová creó al hombre a su imagen, con libre albedrío, y a su semejanza. Pero en cuanto el hombre comete un pequeño error, a él, junto con toda su descendencia, se le carga de culpa hasta el final de los tiempos. Para empezar, y siendo justos, tanto Satanás como el hombre no salieron tal como a Jehová le hubiera gustado. Pero si Jehová es pura perfección e hizo al hombre a su imagen y semejanza, entonces Jehová no es perfecto, o de repente no respeta el libre albedrio. Ya sabemos que Jehová no respeta sus propias leyes, así que cualquier cosa se puede esperar de Él, principalmente la muerte.

No es fácil enumerar todas las muertes que Jehová ocasionó y ordenó ya que no están todas registradas. De las muertes que podemos identificar, la cantidad es realmente alarmante y nos hace reflexionar en los delitos que este ser promovió en otras partes del mundo, y hasta en tiempos anteriores a las anécdotas registradas en Génesis.

En Génesis 1:2 y Jeremías 4:23-26, vemos que la tierra estaba destruida (*tou* H8414) y en ruinas vagas (*bou* H922), y que hombres, pájaros, ciudades y lugares fructíferos ya no existían por causa del enojo feroz de Jehová. O sea, antes de ese emblemático primer día de la creación, existió una civilización en la tierra. Pero Jehová hizo un reseteo completo y destruyó a todo el planeta con quien sabe cuántos billones en ese entonces, una destrucción tan masiva que ni luz, sol, luna, estrellas, o vida quedó. ¡Guau! Cuanto poder tenía ese Jehová, o al menos eso nos quisieron hacer creer.

Esto según lo escrito fue literalmente un borrón y cuenta nueva para una gran parte de la creación, una que según Job 38:7 comenzó después que las estrellas del amanecer y los hijos de Jehová fueron creadas. Este texto en Job contradice a Génesis 1:14-18 donde explica que las luminarias del cosmos, incluyendo las estrellas del amanecer, fueron creadas después que la tierra, no antes. También, tenemos en Génesis 1:3-6 donde Jehová establece la luz del día y la noche, pero repite esta acción con las estrellas después en el mismo capítulo. ¿No es curioso que Jehová arrasara con toda la creación antes del primer día, pero la tierra no desapareció? ¿Y por qué razón no coinciden las fases y los días de la creación con Job?

Es muy probable que jamás lleguemos a saber el número total de pérdidas humanas causadas por Jehová durante el transcurso de nuestra existencia. Solo podemos suponer que, si Jehová sometía al pueblo israelita a destruir vidas en el medio oriente, eso no le impedía hacer lo mismo con otros pueblos en un juego global de desgaste y genocidio humano. Con muy buena razón, los antiguos pobladores de Caná creían en Jehová y lo consideraban como el dios guerrero y de las tormentas; no se equivocaron.

Las personas que escribieron la biblia inventaron a un Dios resentido que no paraba de matar. Es una terrible e inconsciente burrada lo que hicieron con la biblia, haciéndonos creer en un Dios que jamás existió, pero lo hicieron ver como un asesino para justificar sus propios crímenes y gusto por derramar sangre.

No fue que Jehová creó al hombre a su imagen y semejanza, imposible. Fue al revés. El hombre creó a Jehová a su imagen y semejanza, un ser violento, indiferente, violador e intolerante para convenientemente justificar los actos destructivos del hombre. Tal como es el humano, tal cual el Dios que se inventó. La biblia no es más que un manual de entrenamiento militar.

En las siguientes gráficas, tomamos un conteo de Vocativ [20] sobre las muertes que ocasionó Jehová:

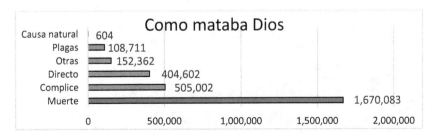

Muertes (mencionadas) por libro *

2 Cronicas	1,620,006
Apocrifa	288,913
Jueces	252,735
2 Reyes	185,263
2 Samuel	152,470
1 Reyes	127,457
1 Samuel	84,094
Est, Jer, Job, Eze	75,825
Numeros	38,972
Josue	12,015
Exo	3,600
Restante	14

* *2.841.364.* referencia: [20]

Tabla III.

Citas que prohibieron el uso bíblico en escuelas de EE UU [4]

Texto	Referencias
Set, hijo de Adam, se casa con Azura su hermana	Jubileos 4:11
Cam conoció la desnudez de su padre Noe. El Talmud indica que Cam cometió sodomía (abuso homosexual) con su propio padre y pudo también haberlo hecho con su madre [21]	Gen 9:22
Sarai se casó con su medio hermano, Abraham	Gen 20:12
Abraham se acuesta con la esclava de Sarai	Gen 16:3
Nacor, hermano de Abraham, se casó con su sobrina Milca	Gen 11:29
En Sodoma y Gomorra, la población quería intimidar a los hombres ángeles, no las hijas de Lot	Gen 19:8-9
Las dos hijas de Lot lo violaron	Gen 19:33
Isaac se casa con su primera prima Rebeca	Gen 22:23, 24:67
Esaú se casa con su prima Mahalat	Gen 28:9
Jacobo se casa con sus primas Lea y Raquel	Gen 29:10, 16
Rubén, hijo de Jacobo, intimida con la concubina de Jacobo Bilha	Gen 35:22
Juda, hijo de Jacobo, toma a su nuera Tamar, ella acepta por un cordero	Gen 38:16-17
Dina, hija de Jacobo, su actitud enciende una matanza	Gen 34
Dios mata a Er porque lo vio que era malo	Gen 38:7
Dios mata a Onán al no embarazar a la esposa de su hermano habiendo tirado su "semilla" durante el acto	Gen 38:8-10
Amram se casa con su tía Jocabed	Exo 6:20
Otoniel, hijo de Cenaz hermano de Caleb, se casa con Acsa hija de Caleb	Jos 15:17
Rahab, prostituta que ayuda a dos espías Israelitas en Jericó	Jos 2:1

Mujeres Moabitas se entregan a Israelitas	Num 25:1-19
"Más maravilloso me fue tu amor que el amor de las mujeres" dijo David a Jonatán	2 Sam 1:26
Amnón, hijo de David, abusa a su hermana Tamar	2 Sam 13:11-14
Absalón, hijo de David, intimida a las concubinas de David	2 Sam 16:22
Adonías pide a David que le dé su concubina Abishag	1 Rey 2:17
David, después de embarazar a Betsabé esposa de su fiel capitán Urias el Hitita, arregla la muerte de Urias	2 Sam 11:4, 15
Dios ordena a Maala, Tirza, Hogla, Milca, y Noa a casarse con sus primos	Jos 17:3-4
Dios ordena a Osea a casarse con la prostituta Gomer	Hos 1:3
Sansón intimida con una prostituta que vio	Jud 16:1
Herodes Antipas se casa con su prima y la esposa de su hermano Felipe mientras Felipe vivía	Mar 6:17-29
María concibe a Jesús, hijo del Romano Arquero Tiberio Julio Abdes Pandera	Jer Shabboth 14:4/13
Jesús nombra a Juan de las bodas de Caná a ser discípulo. Juan deja a su nueva esposa quien termina prostituyéndose	
Mujer Samaritana que tuvo 5 maridos y estaba con un novio	Jua 4:18
Pablo descubre a un hombre sexualmente atado a la esposa de su padre	1 Cor 5

Tabla IV.
Muertes causadas u ordenadas por Jehová [22]

Evento	Hechos	Referencia	Afirmados por la Biblia	Estimación
1	El Diluvio [23]	Gen 7:23		200,000,000
2	Lucha de Abraham para rescatar a Lot	Gen 14:17-19		1,000
3	Sodoma y Gomorra	Gen 19:24		20,000
4	La mujer de Lot	Gen 19:26	1	1
5	Mientras el mayor dolor, hermanos de Dina mataron a todos los varones	Gen 34:1-31, Judith 9:2-3	2	1,000
6	Er por ser malo a los ojos del Señor	Gen 38:7	1	1
7	Onán por derramar su semilla	Gen 38:10	1	1
8	Una hambruna en todo el mundo de siete años	Gen 41:25-54		70,000
9	Habrá sangre: La primera plaga de Egipto	Ex 7:15-27, Sabiduría 11:7-8		10,000
10	La séptima plaga: el granizo	Ex 9:25		300,000
11	Niños egipcios primogénitos	Ex 12:29-30		500,000
12	El Señor quitó las ruedas de sus carros	Ex 14:8-26	600	5,000
13	Muerte de soldados egipcios en el Mar Rojo	Ex 14:28		650,000
14	Amalecitas	Ex 17:13		1,000

15	¿Quién está en el lado del Señor? Forzar a amigos y familiares a matarse entre sí	Ex 32:27-28	3,000	3,000
16	Becerro de oro de Aarón	Ex 32:35		1,000
17	Dios quema a los hijos de Aarón a muerte por ofrecer "fuego extraño"	Lev 10:1-3	2	2
18	Un blasfemo es lapidado	Lev 24:10-23	1	1
19	Cuando las personas se quejaron, Dios les quemó hasta la muerte	Num 11:1		100
20	Mientras que la carne estaba aún entre sus dientes, el Señor los hirió con una plaga muy grande	Num 11:33		10,000
21	Diez exploradores son asesinados por su buen testimonio	Num 14:35-45	10	110
22	Un hombre que recogía leña en día de reposo fue lapidado	Num 15:32-35	1	1
23	Coré, sus compañeros y sus familias están enterrados vivos	Num 16:27	3	9
24	Dios quema 250 personas a muerte por la quema de incienso	Num 16:35	250	250
25	Dios causa 14.700 muertes por quejarse de Dios	Num 16:49	14,700	14,700
26	La matanza de los Arades	Num 21:1-2		3,000
27	Dios envió serpientes morder a la gente por quejarse de la falta de alimentos y agua	Num 21:6		100
28	Doble asesinato de Finees: Una matanza para poner fin a la matanza de Dios	Num 25:1-11	24,002	24,002
29	La matanza de Madián: ¿qué habéis dejado a todas las mujeres?	Num 31:1-35	6	200,000
30	Dios mató lentamente el ejército israelita	Dt 2:14-16		500,000
31	Dios el asesino de gigantes	Dt 2:21-22		5,000
32	Dios endurece el corazón del rey Sehón todo su pueblo por lo que se pueden matar	Dt 2:33-34	1	5,000
33	Og y todos los hombres, las mujeres y los niños en 60 ciudades	Dt 3:6	1	60,000
34	La matanza de Jericó	Jos 6:21		1,000
35	Acán y su familia	Jos 7:10-26	1	5
36	La matanza Hai	Jos 8:1-25	12,000	12,000
37	Dios deja al sol para que Joshua obtenga su asesinato realizado en la luz del día	Jos 10:10-11		5,000

38	Cinco reyes asesinados y colgados en los árboles	Jos 10:26	5	10,000
39	Joshua destruyeron todo lo que tenía vida como Jehová mandó	Jos 10:28-42	7	7,000
40	El genocidio de veinte ciudades: No había ninguna izquierda para respirar	Jos 11:8-12	2	20,000
41	Anac: algunos murieron, más gigante	Jos 11:20-21		5,000
42	El Señor entregó a los cananeos y ferezeos	Jue 1:4	10,000	10,000
43	La matanza de Jerusalén	Jue 1:8		1,000
44	Cinco masacres, una boda, y carros de hierro a prueba de Dios	Jue 1:9-25		5,000
45	El Señor liberó a Cusan-risataim	Jue 3:7-10	1	1,000
46	Eod entrega un mensaje de parte de Dios	Jue 3:15-22	1	1
47	Dios libera a 10.000 moabitas lujuriosos	Jue 3:28-29	10,000	10,000
48	Samgar mató a 600 filisteos con una aguijada de bueyes;	Jue 3:31	600	600
49	Barak y Dios matanza de los cananeos	Jue 4:15-16		41,000
50	Jael pone la estaca de la tienda a través del cráneo de un hombre dormido	Jue 4:18-22	1	1
51	La historia de Gedeón: El Señor puso la espada de cada uno contra su compañero	Jue 7:22	120,000	120,000
52	Una ciudad es masacrada y 1000 a quemar a muerte por el mal espíritu de Dios	Jue 9:23-27	1,001	2,000
53	La matanza de la amonita	Jue 11:32-33		20,000
54	La hija de Jefté	Jue 11:39	1	1
55	42.000 mueren por no superar el ensayo de "santo y seña"	Jue 12:4-7	42,000	42,000
56	Sansón mató a 30 hombres por sus ropas	Jue 14:19	30	30
57	Sansón mató a 1000 hombres con la quijada de un animal	Jue 15:14-15	1,000	1,000
58	Sansón mató a 3000 en un ataque terrorista suicida	Jue 16:27-30	3,000	3,000
59	Una guerra civil santa (que tenía algo que ver con la descomposición, mensajes de la parte del cuerpo, concubina)	Jue 20:35-37	65,100	65,100

60	El final de los jueces: dos genocidios y 200 vírgenes robadas	Jue 21:10-14		4,000
61	Dios mató a los hijos de Eli y 34.000 soldados de Israel	1 Sam 2:25, 4:11	34,002	34,002
62	Dios los hirió con hemorroides en sus partes secretas	1 Sam 5:1-12		3,000
63	50,070 muertos por mirar dentro del arca del Señor	1 Sam 6:19	50,070	50,070
64	El Señor tronó un gran trueno sobre los Palestinos	1 Sam 7:10-11		1,000
65	Otra matanza amonita (y otro mensaje de parte del cuerpo inspirado por Dios)	1 Sam 11:6-13		1,000
66	primera masacre de Jonathan	1 Sam 14:12-14	20	20
67	Dios obliga a los filisteos a matarse entre sí	1 Sam 14:20		1,000
68	El genocidio amalequita	1 Sam 15:2-3		10,000
69	Samuel da Agag a la muerte antes el Señor	1 Sam 15:32-33	1	1
70	En el valle de Ela: Goliat	1 Sam 17:51, 2 Sam 21:19	1	1
71	David compra una esposa con 200 prepucios de filisteos	1 Sam 18:27	200	200
72	El Señor le dijo a David: Ve, y herir a los filisteos	1 Sam 23:2-5		10,000
73	Dios mató a Nabal (y David consiguió su mujer y otras cosas)	1 Sam 25:38	1	1
74	David comete actos al azar de genocidio por los filisteos	1 Sam 27:8-11		60,000
75	David pasa los amalecitas	1 Sam 30:17		1,000
76	Dios mata a Saúl, con sus hijos, y sus soldados (porque Saúl no mató a todos los amalecitas)	1 Sam 31:2, 2 Cro 10:6	4	100
77	David mata al mensajero	2 Sam 1:15	1	1
78	David mató, mutiló, y colgó a Recab y Baana	2 Sam 4:12	2	2
79	Dios ayuda a David hiere a los filisteos desde la parte delantera y la parte trasera	2 Sam 5:19-25		2,000
80	Dios mató a Uza por tratar de mantener el arca de caer	2 Sam 6:6-7, 1 Cr 13:9-10	1	1
81	David mató a dos tercios de los prisioneros de guerra de Moab y esclavizado al resto	2 Sam 8:2		667
82	Y el Señor le dio la victoria a David dondequiera que iba	2 Sam 8 -10	65,850	66,850
83	David mató a todos los varones de Edom	2 Sam 8:13-14, 1 Kg 11:15-16, 1	15,000	25,000

		Cro 18:12, Salmo 60:1		
84	Así hizo David a todos los hijos de Amón	2 Sam 11:1, 1 Cro 20:1		1,000
85	Dios mata lentamente a un bebé	2 Sam 12:14-18	1	1
86	Siete hijos de Saúl se cuelgan delante del Señor	2 Sam 21:1-9	7	3,000
87	los valientes de David y sus muertes sorprendentes	2 Sam 23, 1 Cro 11	1,403	3,400
88	Dios mató a 70.000 debido a que David tenía un censo que le dijo que hiciera Dios (o Satanás)	2 Sam 24:15, 1 Cro 21:14	70,000	200,000
89	Salomón asesina a Simi (por deseo lecho de muerte de David)	1 Kg 2:29-46	2	2
90	La historia de dos profetas	1 Kg 13:11-24	1	1
91	El hijo de Jeroboam: Dios mata a otro niño	1 Kg 14:17	1	1
92	La familia de Jeroboam	1 Kg 15:29		10
93	La familia y los amigos de Baasa	1 Kg 16:11-12		20
94	Zimri quema a la muerte	1 Kg 16:18-19	1	1
95	La sequía de Elías	1 Kg 17:1, Luc 4:25, Santiago 5:17-18		3,000
96	Elías mata a 450 líderes religiosos en un concurso de la oración	1 Kg 18:22-40	450	450
97	La primera masacre asistida por Dios de los sirios	1 Kg 20:20-21		10,000
98	Dios mató a 100.000 sirios por llamarlo Dios de los montes	1 Kg 20:28-29	100,000	100,000
99	Dios mató a 27.000 sirios haciendo una pared caer en ellas	1 Kg 20:30	27,000	27,000
100	Dios envió a un león para matar a un hombre por no golpear violentamente a un profeta	1 Kg 20:35-36	1	1
101	Dios mató a Acab por no matar a un rey capturado	1 Kg 20:42, 22:35	1	1
102	Dios quemó 102 hombres a muerte por preguntar a Elías a bajar de su colina	2 Kg 1:10-12	102	102
103	Dios mató a Ocozías por preguntar al dios equivocado	2 Kg 1:16-17, 2 Cro 22:7-9	1	1
104	Dios envió a osos a matar a 42 niños por burlarse de la cabeza calva de un profeta	2 Kg 2:23-24	42	42
105	El Señor liberó a los de Moab	2 Kg 3:18-25		5,000

106	Un escéptico es pisoteado a la muerte	2 Kg 7:2-20	1	1
107	Hambre de siete años de Dios	2 Kg 8:1		7,000
108	Joram de Israel	2 Kg 9:24	1	1
109	Jezabel	2 Kg 9:33-37	1	1
110	Hijos de Acab: 70 cabezas en dos cestas	2 Kg 10:6-10	70	70
111	Ciudad natal de la familia, amigos, y sacerdotes de Acab	2 Kg 10:11		20
112	Jehú mató a la familia de Ocozías	2 Kg 10:12-13, 2 Cro 22:7-9	42	42
113	Jehú y su compañero matan al resto de la familia de Acab	2 Kg 10:17		20
114	Jehú reunió a los seguidores de Baal y luego los exterminan	2 Kg 10:18-25		1,000
115	Matán, sacerdote de Baal y la reina Atalía	2 Kg 11:17-20	2	2
116	Dios envió leones a comer a los que no le temen lo suficientemente	2 Kg 17:25-26		10
117	Un ángel mató a 185.000 soldados por dormir	2 Kg 19:34, 37:36	185,000	185,000
118	Dios hizo que el rey Senaquerib fuera muerto por sus hijos	2 Kg 19:37, Tobit uno y veintiuna	1	1
119	Josías mató a todos los sacerdotes de los lugares altos	2 Kg 23:20		100
120	Sólo otra guerra santa	1 Cro 5:18-22		50,000
121	Dios mató a medio millón de soldados de Israel	2 Cro 13:17-18	500,000	500,000
122	Botella grande	2 Cro 13:20	1	1
123	Dios mató a un millón de etíopes	2 Cro 14:9-14	1,000,000	1,000,000
124	El fuego amigo: Dios forzaba "una gran multitud" a matarse entre sí	2 Cro 20:22-25		30,000
125	Dios hizo que las entrañas de Joram se cayeran	2 Cro 21:14-19	1	1
126	Dios mató a los hijos de Joram	2 Cro 22:1		3
127	Ocozías de Judá	2 Cro 22:7-8	1	1
128	Joás, los príncipes, y el ejército de Judá	2 Cro 24:20-25	1	10,000
129	Dios destruyó Amasías	2 Cro 25:15-27	1	1,000
130	Dios hirió a Acaz con el rey de Siria	2 Cro 28:1-5	1	10,000
131	Dios mató a 120.000 hombres fuertes por abandonar a Dios	2 Cro 28:6	120,000	120,000
132	La caída de Jerusalén	2 Cro 36:16-17		10,000

133	La matanza de Purim: Dios ha hecho estas cosas	Ester 2– 9, 10:4	75,813	75,813
134	Dios y Satanás matan a los niños y los esclavos de Job	Job 1:18-19	10	60
135	Ananías	Jer 28:15-16	1	1
136	La esposa de Ezequiel	Ez 24:15-18	1	1
137	Susanna, dos ancianos falsos	Dan 13:6-62	2	2
138	Judit es bendecida por encima de todas las mujeres (por cortar la cabeza de un hombre dormido)	Judith 13:6-10	1	1
139	La matanza de Judit: colgar vosotros esta cabeza sobre nuestras paredes	Judith 15:1-6		1,000
140	Doble asesinato de Matatías	1 Mac 2:24-25	2	2
141	Matatías y sus amigos matan a los malvados pecadores	1 Mac 2:44		100
142	Dios mató a Andrónico, el desgraciado sacrílego	2 Mac 4:38	1	1
143	Una turba judía mató a Lisímaco, el compañero de sacrílega	2 Mac 4:42	1	1
144	Dios ayudó a Judas Macabeo destruir los malvados	1 Mac 3:1-26, 2 Mac 8:5-6	800	4,900
145	Judas y sus hombres no armados matan a 3000 de los soldados de Gorgias	1 Mac 3:44-4:24	3,000	3,000
146	La matanza de Hanukkah	1 Mac 4:34 -5:7	5,000	17,000
147	Los hermanos Macabeos sacrifican a los paganos	1 Mac 5:21-51	11,000	37,000
148	El ejército de Nicanor: siendo el Todopoderoso su ayudante, que mató por encima de nueve mil hombres	1 Mac 7:32-47, 2 Mac 8:24, 15:27	147,002	147,002
149	Jonatán y Simón destruir a los malvados de Israel	1 Mac 9:46-49, 2 Mac 8:30-33, 10:61	1,000	1,200
150	Cinco jinetes celestes echaron dardos y bolas de fuego a los enemigos	2 Mac 8:32 -10:38	21,103	21,400
151	Dios mató a Antíoco con una enfermedad intestinal incurable	2 Mac 9:5-28	1	1
152	Idumeos, traidores y Judíos en dos torres	2 Mac 10:16-17	40,000	40,100
153	La cabeza de Nicanor: Un signo manifiesto de la ayuda de Dios	1 Mac 7:33-48, 2 Mac 15:1-35	35,000	35,000
154	Extranjeros en la Cades	1 Mac 11:74	3,000	3,000
155	John quema a la muerte de 2000 en la torre de Azoto	1 Mac 16:10	2,000	2,000

156	Dios envió a las avispas para destruir poco a poco a la gente	Sabiduría 12:8-9		1,000
157	Ananías y Safira	Hec 5:5-10	2	2
158	Herodes Agripa	Hec 12:23	1	1
159	Jesús	Rom 8:32, 1 Ped 1:18-20	1	1

2,821,364   205,703,828

"Ninguna de las religiones existentes es buena porque todas, en alguna medida, son un instrumento de poder y empujan al ser humano a guerras fratricidas y luchas sangrientas." – Giordano Bruno.

[1]   jesuselcristo.wordpress.com/ig/las-muertes-de-yahve-jehova/

[2]   en.wikipedia.org/wiki/World_War_II_casualties

[3]   en.wikipedia.org/wiki/World_War_I_casualties

[4]   www.clarin.com/internacional/prohibieron-biblia-varias-escuelas-unidos-denuncia-padre-alumno-aduce-pasajes-incesto-violaciones-prostitucion-_0_8aT95Z2IJm.html?fbclid=IwAR3TPv8CLWnX0Awd2VNm8P_VnmJiza9P4V0qNiRlrj9vRwtcfGZFz7R449M

[5]   Leviticus 18:3, 6

[6]   *"The Wesley Center Online: The Book of Jubilees."* wesley.nnu.edu. Libro de Jubileos IV:11

[7]   Gen 4:16-17

[8]   Libro de Jubileos IV:9

[9]   Segundo libro de Adán y Eva, cap I, vers. 6

[10] *Seder Hadorot* 8ª y Codex Judaica, cap. 4, pag. 51, 41 -3720, Mattis Kantor

[11] en.wikipedia.org/wiki/Chapters_and_verses_of_the_Bible

[12] Alfabeto de Sirach

[13] es.wikipedia.org/wiki/Lilit

[14] americanhumanist.org/what-is-humanism/reasons-humanists-reject-bible

[15] Callahan, Tim. *"Bible prophecy: failure or fullfilment?"* Altadena, California: Millenium Press, 1997, pp. 84-85

[16] Römer, Thomas (2013). *"Dark God: Cruelty, Sex, and Violence in the Old Testament"* (3rd Revised and expanded ed.). New York: Paulist Press

[17] Creach, Jerome F. D. (2013). *"Violence in Scripture: Resources for the Use of Scripture in the Church."* Louisville, Kentucky: Westminster John Knox Press

[18] Fletcher, George P.; Olin, Jens David (2008-03-18). *"Humanity, When Force is Justified and Why."* New York, New York: Oxford University Press, Inc. pp 50

[19] Mat 24:37-41

[20] Vocativ. Fuente: *"Drunk with blood, King James Bible"*

[21] *estudiosbiblicosrojas.blogspot.com/2021/06/que-hizo-cam-para-que-noe-maldijera.html?fbclid=IwAR0UDQ4doosskxwfMaFkSv6J9N3sTj3wR3ZIKU-xO6oi79sexFYm566FcrQ*

[22] *dwindlinginunbelief.blogspot.com/2010/04/drunk-with-blood-gods-killings-in-bible.html*

[23] House, H. Wayne (2000), *Charts of Cults, Sects, and Religious Movements*, Zondervan

Capítulo IV: *Cambios Bíblicos*

L a biblia es una serie de escritos antiguos en los que simplemente no se puede confiar. Varios investigadores teológicos en el curso del tiempo evaluaron con precisión lo que los textos originales podrían haber dicho realmente. A través del proceso, fueron descubriendo que fuentes no del todo conocidas realizaron a lo largo del tiempo incontables alteraciones a estos escritos cuyo origen literal no se podía comprobar. En otras palabras, textos y tradiciones ancestrales fueron cambiados, adaptados a las situaciones religiosas del momento, y falsamente expuestos como la palabra inspirada de Dios, no del hombre quien realmente las concibió y adaptó de otras creencias. Estos escritos se convirtieron en los libros que hoy conocemos como la biblia.

Si tomamos en cuenta el número de otras escrituras que fueron adaptadas al Viejo y al Nuevo Testamento, notamos que hay más de 109 citas de otros libros [vea la Tabla V al final del capítulo]. Tal como la biblia confirma literalmente, sus versículos fueron copiados de otros textos y tradiciones antiguas; la biblia no lo esconde, y se encuentra a plena vista.

Otros escritos como la Epístola de Judas 1:14-15 cita al libro de Enoc Etíope (300 – 60 AC) [1] como su fuente de información; un libro que fue incluido originalmente en la biblia hasta el quinto siglo cuando fue retirado. El versículo de Enoc 1:9 se encuentra también en el rollo de Qumran [2], y Deuteronomio 33:2 hace una referencia resumida. Se reconoce que ambos 1 Pedro 3:19-20 y 2 Pedro 2:4-5 citan de la misma forma al material de Enoc, y la Epístola a los Hebreos 11:5 menciona a Enoc directamente. Entonces, ¿por qué lo quitaron? Si nos basamos en Enoc, libro del Viejo Testamento, se pierde el interés en el Nuevo Testamento.

No hay duda alguna que el relato de 1 Enoc influenció y formó las doctrinas del Nuevo Testamento donde se habla sobre el Mesías, el Hijo del Hombre, el reino mesiánico, la demonología, la resurrección y la escatología [3 4]. Los límites de la influencia impuesta por 1 Enoc están discutidos ampliamente en los comentarios y traducciones de R. H. Charles [5], Ephraim Isaac, y G. W. Nickelsburg [6]. Es muy posible que escritos anteriores a 1 Enoc tuvieron influencia textual y de contenido directo en muchos libros apócrifos como Jubileos, 2 Baruc, 2 Esdras, Apocalipsis de Abraham y 2 Enoc, aunque en estos casos el vínculo entre estos libros suele ser más las ramas de un tronco común que el desarrollo de un núcleo continuo.

Imagen 23: Antiguo copiador (*Bing Image Creator*)

Otros cambios bíblicos nacen desde los púlpitos en la forma de inconsistencia verbal, dejando a sus feligreses en estados de confusión, fanatismo, y con miedo de contradecir a sus líderes. Ciertos grupos seleccionan versículos que apoyan sus puntos de vista, pero ignoran o cambian otros versículos que no encajan con sus discursos. Esto simplemente se llama abuso del poder y manipulación. Esto conlleva a la discriminación general, conflictos, materialismo e injusticia civil manifestada desde los orígenes de la industria eclesiástica. Hay que recordar que donde existe fraude doctrinal, también se alberga la degradación moral y la falta de ética. Las iglesias hablan de moral, pero eso es todo; no lo demuestran en sus fuentes de información, y a veces en la vida personal de sus propios líderes.

- *Los cambios desde un principio*

Comenzamos nuestro análisis de los cambios aplicados a la biblia con la historia de Génesis y las creencias del *Tanaj*, las cuales tienen supuestamente su origen en las épocas del Éxodo israelita, pero existen muchas razones para poner en duda tal origen. Inicialmente, los relatos del Éxodo y el establecimiento de la ley fueron transmitidos por medios verbales y tradicionales hasta que unos estimados 500 años más tarde fueron finalmente constituidos como un relato oficial después de la muerte de Salomón [7]. Ahí es donde comienza la compilación de lo que sería finalmente el *"Bereshit"* o Génesis, no el Éxodo, basándose en la tradición judía en vez de en los escritos de Moisés [8].

En el Talmud, el Bava Batra 14b-15a indica que Moisés escribió el Torá, pero esta opinión no está apoyada por el mismo Torá. La muerte de Moisés, el supuesto autor de los primeros cinco libros del Viejo Testamento, se encuentra en Deuteronomio 34:5, y fue escrita en segunda persona porque el capítulo continúa hasta el versículo 12. ¿Quién escribió, o más bien, terminó los escritos de Moisés?

Se sabe que *Bereshit* fue adaptado de la Épica de Gilgamesh [9] y varios otros textos asirios que estaban en Babilonia durante el cautiverio israelita. O sea, Gilgamesh sirvió como un patrón pseudo histórico para rellenarlo con detalles que servirían para escribir los libros del Tora judío. Tanto el judaísmo como la religión cristiana están basados en la mitología antigua de los sumerios ya que esas eran las creencias que existían en Babilonia.

Hablando de Génesis, ¿qué tal de la existencia de *Lilit*? El libro no hace mención de ella, solo nos da una pista muy indirecta en Génesis 1:26, pero es algo que puede significar muchas otras cosas y no se puede asumir algo que no está claro. Entonces, ¿de dónde viene el nombre *Lilit*? Le sorprenderá saber que el nombre aparece en Isaías como un búho, pero en la tablilla XII de la Épica de Gilgamesh [10], el célebre poema de la antigua Mesopotamia que data del 2100 AC, aparece como una bruja.

Antes de la introducción del *Bereshit* y su alfabeto, *Lilit* fue vista como un demonio en lugar de la "primera Eva," pero los editores judíos eventualmente cambiaron su estado bíblico. La siguiente lista muestra los recursos donde se puede estudiar más sobre *Lilit*.

- Prólogo de Gilgamesh
- Magia Antropogénica siria; Arslan Tash
- Alfabeto de Ben Sirah
- Isaías 34
- Los rollos del Mar Muerto
- 2 Baruc
- Platos de Encantaciones
- Talmud
- Génesis Rabbah

Después que el *Bereshit* fue instaurado, su relato y significado fue cambiando lentamente con el paso del tiempo, especialmente durante el cautiverio babilónico hasta el año 500 AC; más de 400 años de cambios. Más allá del *Bereshit*, la lista de los escritos hebreos se estableció para el judaísmo en el segundo siglo DC por el consenso de un grupo de sabios rabinos que habían conseguido escapar del asedio de Jerusalén en el año 70 y fundaron una escuela en Yamnia, Israel [11]. A estos escritos se los conoce como los libros "proto canónicos (primer canon)" y forman la lista "Palestinense" o el reconocido *Tanaj*.

Esta última lista excluyó algunos libros que pasaron a conocerse como "deutero canónicos (el segundo canon)," libros que algunos maestros judíos incluyeron anteriormente en el Canon (regla) de Alejandría o la Biblia de los Setenta (*Septuaginta* [12]) unos 200 años antes de Cristo. Como podemos apreciar en la línea de tiempo mostrada en las imágenes [13], no se sabe con exactitud las fechas del origen de los escritos bíblicos incorporados en el Viejo Testamento, algo que nutre una desconfianza tanto en la veracidad de la información que presentan, como su origen. Nos podemos imaginar el continuo despiole formado cada vez que eruditos trataban de acreditar libros de todo tipo sin saber en cual confiar, como nos pasa en actualmente.

Por ejemplo. Se le atribuyen los Salmos al rey David, pero los teólogos afirman que fueron escritos por varios autores entre el periodo de la conquista de Caná y la construcción del segundo templo [14], un periodo de casi 1000 años. Otro ejemplo lo encontramos en el libro de Job. Algunos lo registran en los tiempos de Moisés o antes, pero otros sabios lo datan en el periodo babilónico. Otra inquietud surge cuando nos damos cuenta que en tiempos pasados no se aplicó un control efectivo de seguimiento editorial, y algunos relatos ganaron favor en manos de personas cuyas creencias, no evidencia, decidía la legitimidad del escrito. Esta inseguridad teológica deja mucho que pensar sobre lo genuino que pueda ser el contenido de los relatos bíblicos.

Los estudios teológicos se basan en dos versiones bíblicas; la Septuaginta y el Masorético. Según la tradición de la Septuaginta, Ptolomeo II Filadelfo (faraón griego de Egipto) envió setenta y dos traductores del idioma hebreo, seis de cada una de las doce tribus de Israel, de Jerusalén a Alejandría para traducir el *Tanaj* del hebreo al griego *koiné*, para incluirlo en su biblioteca [15].

El texto Masorético [16], o la cadena de la tradición judía, nunca han sido un texto puro o único cuya autoridad sea incuestionable, sino que varias versiones de distintos textos fueron creadas por razón del proceso de hacer copias o cambiar detalles de eventos históricos. Los copiadores bíblicos, pagados por cada letra escrita, no eran de fiar y errores se cometieron en sus labores. Al norte de Israel, los samaritanos tenían un Pentateuco diferente al de Jerusalén, y los Esenios tenían su propia autoridad. Existían copias en griego, arameo y otros idiomas.

Por estas razones, no se puede confiar en todos los testimonios textuales de la biblia, y menos aclamar que Dios protege su palabra, porque la cantidad de evidencia que tenemos sobre la manipulación de textos inconsistentes y copiados demuestra todo lo contrario. Tomando en cuenta todos los errores, las incongruencias, y los ajustes hechos por las autoridades religiosas, vemos más razones que nos confirman que los escritores de la biblia no fueron inspirados por ningún dios.

El *Tanaj* comenzó el proceso de fundar una lista de libros en el 450 AC y terminó en el concilio de Yamnia en el 96 DC. Dentro y fuera de este periodo de tiempo, los libros del Viejo Testamento se dieron a conocer [17].

Imagen 24: viejo testamento, fechas estimadas

En la actualidad, la mayoría de religiones cristianas ignoran el Viejo Testamento y basan sus doctrinas en lo que se refieren a la "eliminación de la ley mosaica" por el fingido sacrificio de Jesús, pero esa opinión es errónea. Si nos fijamos en Mateo 5:17, ese texto contradice tal idea: *"No penséis que he venido para anular la ley o los profetas, no he venido para anular, sino para cumplir."*

Adicionalmente, Juan 5:39 dice: *"Escudriñad las escrituras [Viejo Testamento]; porque a vosotros os parece que en ellas tenéis la vida eterna; y ellas son las que dan testimonio de [lo mío]."* Según ese Jesús, él no quiso reemplazar o eliminar la ley.

Aquí vemos la falsedad y contradicciones de la doctrina religiosa; apoyan lo que les conviene, y cuando les interesa.

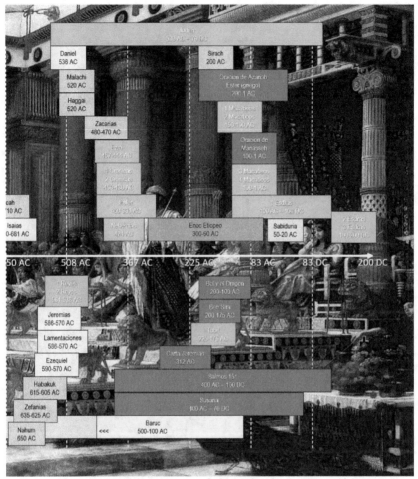

Imagen 25: viejo testamento, fechas estimadas (*continuación*)

- ## *Los cambios del Nuevo Testamento*

Hoy en día, enfocándonos en el Nuevo Testamento, el libro de Marcos termina en el capítulo 16, versículo 20, pero en versiones más antiguas como la del Vaticano que data del año 325 DC, el libro termina en el versículo 8; le faltan 12 versículos. No se sabe con exactitud de donde o cuando se añadieron esos 12 versículos, solo que fueron añadidos varios años después.

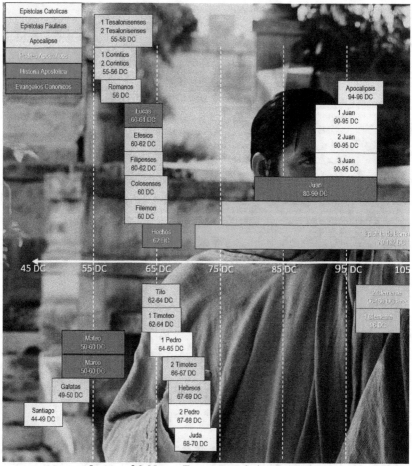

Imagen 26: Nuevo Testamento, fechas estimadas

Todos conocemos la historia de Jesús rescatando a la mujer adúltera; María Magdalena. Acusada de adulterio, ella iba a ser apedreada por una banda de judíos guiados por la ley mosaica [18]. Es una bonita y heroica historia, pero hay un problema; ese relato no se encuentra en ninguna versión anterior al siglo XII DC. O sea, fue añadida al Nuevo Testamento mucho después por alguien totalmente desconocido. ¿Habrá sido algún escriba pagado por el Vaticano?

Recordemos que Juan 21 también fue agregado por escribas desconocidos años después. Lucas 22:17-21, el relato de la división del pan y el vino en la santa cena, y la indirecta que Jesús hizo a la traición de Judas, también fue agregada para que Lucas encajara con la historia de la muerte de Jesús.

Imagen 27: Nuevo Testamento, fechas estimadas

El sufrimiento de Jesús en Getsemaní (Luc 22:43-44) fue insertado para que Lucas le diera un sentido humano a Jesús. Se nos dice que Jesús visitó a varias personas después de su resurrección, incluyendo a sus discípulos, pero no hay mención de esto en los primeros escritos. Esta información tuvo que ser adaptada algún tiempo después para que coincidiera con el relato de otros escritos.

Vamos ahora a considerar una de las muchísimas contradicciones. Génesis 32:30 dice que "he visto la cara de Dios," pero en Juan 1:18 y en 1 Juan 4:12 dice que "nadie ha visto la cara de Dios."

Es lógico pensar que, al encontrarse con versículos difíciles de entender, o ver la necesidad de adaptar información en lugares donde parece no encajar, no es nada ético. Las autoridades bíblicas decidieron reunir todas las versiones y documentos disponibles, y de ahí escogieron el relato que mejor les parecía. Esto es precisamente lo que sucedió con toda la biblia tanto en tiempos antiguos como medios, y es algo que sigue sucediendo en nuestros días, porque ningún texto es original o confirmado de ser lo que dice ser.

Hoy en día, contamos con más de 25.000 manuscritos [19] y hasta 300.000 variantes del Nuevo Testamento [20]; son más las versiones que existen que las palabras en su contenido. El resultado, 45.000 religiones cristianas en la actualidad; todas dicen tener la verdad, y todas están apartadas una de la otra. Si hay una versión bíblica que es la correcta, entonces, ¿cuál de las 300.000 es? ¿Y qué solución dan estos altos mandatarios a tales cuestiones, que mienten y estafan sin piedad a sus feligreses? No dicen nada al respecto.

Existen 7 versiones de la biblia que no contienen el Padre Nuestro en Mateo o Juan. A ciertas versiones de la biblia les falta texto mientras en otras cambiaron el significado de su contenido sin tomar en consideración el verdadero sentido de sus palabras.

Se descubrió por ejemplo que la historia que se encuentra al final de Juan estaba omitida en 3 manuscritos, y aparecía fuera de lugar en otro. En algunas biblias, a Hechos capítulo 8 le quitaron detalles del bautismo. Apocalipsis es una copia de Ezequiel, Daniel, Salmos e Isaías. A los 10 mandamientos, sacados de los 42 mandamientos egipcios de *Maat* (Libro de los Muertos [21]), le quitaron el cuarto en algunas versiones.

Estos son solo unas cuantas de las alteraciones y adaptaciones hechas a la biblia. En realidad, cambios se encuentran en casi cada versículo, los escritos originales no existen, y no se sabe si existieron. Todo escrito bíblico se basa en cuentos y textos cuyos autores se desconocen.

Por ejemplo, copias de varios libros del Nuevo Testamento fueron escritos por lo menos 40 años o más después de la muerte de Jesús, de lo que se puede apreciar, y no dan crédito a la vida y tiempos del Nazareno. En específico, encontramos a Pablo quién parece haber hecho todo lo posible por esquivar detalles de la vida de Jesús, como si no la conociera.

- *Cambios a las palabras de Jesús*

Cuando los teólogos de alto rango estudian algún texto bíblico y encuentran que versículos incongruentes fueron agregados por editores desconocidos años y hasta siglos después de un evento, y adicionalmente no encuentran respaldo histórico u otra evidencia de tal, eso da causa para alarmarse y darse cuenta que los escritos bíblicos no son de fiar. Es más, al igual que las advertencias dadas en películas y productos que pueden afectar la salud o reacción de menores, lo mismo se debería de aplicar a la biblia.

Divinidades eclesiásticas, o pastores titulados por sus propias iglesias, o hasta por ellos mismos en muchos casos, son las primeras autoridades en aceptar con los brazos abiertos todo tipo de traducción moderna de la biblia, pero tenemos que recordar que solo el inexistente texto original, no el manipulado, es el que nos debe dar la visión más clara del significado insólito de las creencias antiguas. Así y todo, la información de un texto original no garantiza ser legítima, mucho menos una representación pura de la información o eventos de los que habla.

Volvemos al teléfono descompuesto y una serie de que "él dijo," que el otro dijo, que había escrito, que le pasó la información a otro, y así hasta perder el hilo sino también el sentido total o la certeza del evento. Peor cuando el resultado de tanto "lleva y trae" se convierte en una novela de ciencia ficción basada en eventos que no fueron reales y creencias robadas de otros pueblos y tradiciones; o sea, la biblia.

Todos sabemos que el idioma griego y el español no funcionan de la misma manera. Pretender que sí no produce una traducción literal sino un tipo de cosa que obtienes en una versión interlineal, mostrando encuentros culturales, religiosos y lingüísticos entre las intenciones de los primeros cristianos y las expectativas de nuestra generación. De tal forma, cuando se interpreta una palabra del griego y se adapta al presente, la intención antigua es importante saberla.

Hay algo más que considerar; lo que quería decir y en lo que creía el escritor, el traductor, y el sindicato religioso al que le rendían afecto tanto en tiempos antiguos como modernos. Todo propósito se va trasmutando con el tiempo con cambios de formas de pensar, cultura, la necesidad del momento, y el afán de incrementar el número de creyentes. Tristemente, en esa trampa mundana cayó el ser llamado Jesús a quien lo convirtieron en un instrumento del sindicato Paulino y lo usaron para controlar a la población en su nombre.

Anteriormente, vimos que muchas de las frases y dichos que se le atribuyen a Jesús en los cuatro evangelios del Nuevo Testamento en realidad no son de él. Estas fueron añadidas o cambiadas por fuentes desconocidas para deificar a Jesús, encajar el contenido de otras escrituras, e implantar ideologías que apoyaran las creencias populares del momento; un esfuerzo "barato" y falso, diseñado para convencer a la población de que tienen que adorar a Jesús como un dios salvador, pero Jesús pidió no ser ni seguido ni adorado (Juan 5:40-41).

Los siguientes versículos muestran algunos de los cambios que se hicieron, y añadieron, para construir un dios salvador. Como vimos anteriormente, Jesús fue todo lo contrario y pidió que no lo elevaran sobre la humanidad. Eso lo veremos en unos momentos.

- Juan 5:41. "*Gloria de los hombres no acepto*"

  - Gloria [G1391]: *doxa*, adoración, gloria, esplendor
  - Con cambios: "*Adoración de los hombres no acepto*"

- Mateo 19:28. "*De cierto os digo que en la regeneración cuando el Hijo del Hombre se siente en el trono de su gloria...*"

  - Regeneración [G3824]: *palingenesia* [22]. Reencarnación.
  - Trono [G2362]: *thronos* [23]. Silla estatal con escabel, juicio
  - Gloria [G1391]: *doxa* [24]. Un estado mental más exaltado, superior
  - Con cambios: "*De cierto os digo que, en la reencarnación, cuando el Hijo del Hombre se siente en el juicio de su estado superior...*"

- Tito 3:5. "*Nos salvó, no por obras de justicia que nosotros hubiéramos hecho, sino por su misericordia, el lavamiento de la regeneración...*"

  - Misericordia [G1656]: *eleos* [25], compasión, ayudar

- Regeneración [G3824]: *palingenesia* [22]. Reencarnación
- Con cambios: *"Nos salvó, no por obras de justicia que nosotros hubiéramos hecho, sino por su ayuda, el lavamiento de la reencarnación..."*

• Juan 3:3-7. *"De cierto te digo, el que no naciere de nuevo, no puede ver el reino de Dios"*

- Nacer de nuevo [G1080, G509]: *gennao anothen* [26 27], venir de nuevo de los cielos, regeneración, reencarnación
- Ver [G3708]: *horao* [28], entender
- Con cambios: *"De cierto te digo, el que no regrese de los cielos, no puede entender el reino de Dios."*

• Juan 14:6. *"Jesús le dijo, yo soy el camino, la verdad y la vida; ningún hombre llega al Padre sino por mí"*

- Yo soy [G1473, G1510]: *ego eimi*, "haya," dios, fue, pasará, ser, estar, acompañar, aparecer, convertir, suceder (*comparar con "yo soy la luz," "yo soy de arriba," "yo soy no de este mundo," "yo soy el que soy"*)
- Camino [G3598]: *hodos*, senda, conducta, manera, viaje
- Mí [G1700]: *emou*, lo mío, mi sabiduría
- Con cambios: *"Jesús le dijo, dios es la manera de la verdad y la vida; ningún hombre llega al Padre sino por lo mío."*

Como apreciamos anteriormente, por medio de los escritos de Luciano de Samosata—quien detestaba a los cristianos y veía a Jesús como un embaucador—vemos que Jesús fue jefe de una sinagoga, un legislador, protector civil, y escribió libros [29]; libros que desaparecieron y posiblemente fueron usados para rellenar un contenido selectivo en los evangelios, según mejor le convenía a las autoridades que buscaban poner a Jesús como un dios ya que de otra forma la historia no apoyaría el objetivo religioso. Siempre ha sido así; el que cree en algo y tiene el poder, no le rinde cuentas a nadie más y puede tomar decisiones sin rendirle evidencia a los demás.

Otro dato significativo que no concuerda con la biblia se encuentra en el Talmud donde explica que Jesús fue hijo de un soldado arquero romano llamado Pandera [30], no del espíritu santo, y tuvo un total de 5 discípulos, no 12 [31]. Aquí se descubre una enorme disonancia con la biblia que no está nada lejos de las más codiciadas normas de una complicada novela de ciencia ficción. Punto para considerar, los discípulos eran judíos, pero tenían nombres griegos excepto uno. Jesús, como hijo de un romano, era un ciudadano romano y por esa razón hubo tanto problema dictándole la sentencia de una crucifixión de la cual no existen archivos de defunción.

Imagen 28: Pandera y Maria, Belén de Galilea (*Bing Image Creator*)

Si los escritos de Jesús no hubieran estado disponibles, tratar de recordar palabra por palabra exactamente lo que Jesús dijo, como él lo dijo y dónde, después de 25 años, sería el perfecto "teléfono descompuesto" ya que el volumen de información es considerable. Hay que recordar que varios de los discípulos no prestaban mucha atención, tenían sueños de grandeza, a algunos les llamaban los "hijos del trueno" por su fuerte lengua y carácter, y su nivel de educación no los capacitaba para escribir notas o memorias precisas. Entonces, ¿quién tomó posesión de los escritos de Jesús, y decidió armar una religión basada en sus escritos? Todos los dedos apuntan a Pablo.

- *¿Estaba Pablo a favor de Jesús?*

En los textos del Nuevo Testamento, las palabras de Pablo suelen estremecer al seguidor evangélico con su elocuente testimonio de adoración al dios Jesús. De su pluma brotan halagos sin fin de la gracia, amor, y regreso de Jesús (1 Cor 16:22-24), pero en otras ocasiones demuestra que estaba en contra de Jesús.

Es evidente que Pablo usó a Jesús como una figura central para establecer su religión falsa apoyándose de una extensiva campaña de desinformación y manipulación literal. Los esfuerzos de Pablo dieron inicio a una cadena de creencias llamadas "cristianismo," los seguidores del ungido, basadas en escritos no verificados. Hoy en día, no se practica el cristianismo sino el Paulismo, el principal corruptor de los escritos de Jesús.

La situación que ha atrapado la mente del cristiano y cegado sus ojos por dos mil años se puede explicar con una sola palabra; incertidumbre. Los escritos de Pablo abarcan la mayoría de lo que leemos en el Nuevo Testamento, textos cuyos datos no se pueden verificar; solo escrituras igualmente no fiables lo citan. Creer en sus escritos y testimonios sin prueba alguna de lo que dijo es no solamente un grave descuido devocional, sino un oscuro acto de ignorancia.

Recuerden, no existen originales o prueba de su autoría. No hay corte judicial en el mundo que presente un caso sin evidencia, pero las religiones cristianas no parecen tener ningún problema haciéndolo, y menos el público que se cree todo lo que sus religiones les dicen.

Comparando las palabras dichas por Jesús en los evangelios con las de Pablo, y si ambos nunca se hablaron, entonces ¿cómo pudo Pablo enseñar precisamente lo que Jesús enseño? El encuentro que Pablo supuestamente tuvo con Jesús rumbo a Damasco [32] es un relato de Pablo. Sin prueba, no se puede confiar en la información, y menos usarla.

En los libros de Pablo no vemos mucha información sobre la vida de Jesús. Si de verdad fue Pablo el que escribió esos libros, no hay duda que no conoció a Jesús. De otra forma, es también posible que no fuera Pablo, sino alguien más el que escribió sus libros o tuvo algo que ver con su información.

Imagen 29: Pablo enojado con Jesús (*Bing Image Creator*)

En su forma de hablar tan retórica, Pablo pidió que cada primer día de la semana los miembros juntaran sus ofrendas, no durante el sábado, y les entregaran el dinero a personas que él asignara para llevarlas a Jerusalén [33]. De esta forma, Pablo se aseguró que las ofrendas no se quedaran para gastos de la iglesia local, sino que se usaran para suministrar una sede administrativa central la cual, como en tiempos modernos, gobernaba la doctrina, actividades, y selección de obreros pagados; Pablo deseaba fama y dinero usando el miedo y la represaría, disfrazando el amor eterno con su maldad. Pero está escrito que Jesús [34] habla en contra de la avaricia, la autocomplacencia, y la dependencia de los obreros con el dinero diciendo [35]; "*El que es mayor que vosotros, sea vuestro siervo.*" ¿No es eso contradictorio?

Imagen 30: Pablo maquinando miedo (*Bing Image Creator*)

Pablo se desboca negativamente [36], condena a muerte a los pecadores, y los llama "necios." En los escritos, ¿no le salvo Jesús la vida a una prostituta y le dijo que no la condenaba? ¿Y también pidió que no se le dijera "*raca*" (necio, Mat 5:22) al prójimo?

Según los escritos, Jesús pide buenas obras, pero Pablo las nombra como "obras muertas." En Gálatas 3:28, Pablo dice, "*no hay varón o mujer porque todos vosotros son uno en Cristo,*" pero en 1 Colosenses 11:3 dice lo opuesto; "*Cristo es la cabeza del varón, y el varón es la cabeza de la mujer.*" Maldecir o destruir a las personas no fue lo que Jesús supuestamente enseñó, pero Pablo maldijo a las personas hasta por su nombre cuando lo ofendieron, incluso recomendó que un hombre se fuera al infierno y que el diablo lo matara [37]. Jesús dijo que él hacía lo que veía a su padre hacer [38], pero Pablo estableció jerarquías de responsabilidades como profetas, pastores, maestros, etc para avanzar la obra [39], no seguir al padre como dijo Jesús.

De repente, la diferencia más destacada entre Jesús y Pablo se trata del tema de la profecía apocalíptica y el rapto. En Mateo 24:37-41, Jesús dijo que los tomados serían los que se perderían, pero los quedados o fieles ganarían virtud. O sea, en la venida del "Hijo del Hombre," los fieles se quedarán en la Tierra, pero los tomados se sacarán de la Tierra. El significado de la "venida" es algo que se verá en unos momentos. Ahora, si Jesús indicó que los "quedados" serán los fieles que cuentan con virtud, ¿por qué razón tergiversó Pablo el mensaje de Jesús completamente al revés, subrayando que Jesús vendría pronto para llevarse sólo a los fieles? Si tomamos a Pablo en serio, entonces no cabe duda que los fieles que Jesús se va a llevar cuando supuestamente regrese por segunda vez serán los que no tienen virtud. ¿Quién se equivocó, Pablo o Jesús?

Comparemos lo que Pablo escribió con lo que Jesús indicó. También, notemos la cercana asociación entre Pablo y el libro de Apocalipsis, recordando que los escritos de Pablo vinieron antes de Apocalipsis. Esto nos revela que Apocalipsis es una copia de profecías antiguas, incluyendo las de Pablo.

"[40] *En un momento, en un abrir y cerrar de ojos, a la trompeta final; porque se tocará la trompeta, y los muertos serán resucitados incorruptibles, y nosotros seremos transformados. Porque es necesario que esto corruptible se vista de incorrupción, y esto mortal se vista de inmortalidad. Y cuando esto corruptible se haya vestido de incorrupción, y esto mortal se haya vestido de inmortalidad, entonces se cumplirá la palabra que está escrita: Sorbida es la muerte en victoria.*"

"[41] *Porque el Señor mismo con voz de mando, con voz de arcángel, y con trompeta de Dios, descenderá del cielo; y los muertos en Cristo resucitarán primero. Luego nosotros los que vivimos, los que hayamos quedado, seremos arrebatados juntamente con ellos en las nubes para recibir al Señor en el aire, y así estaremos siempre con el Señor.*"

"[42] *El séptimo ángel tocó la trompeta, y hubo grandes voces en el cielo, que decían: Los reinos del mundo han venido a ser de nuestro Señor y de su Cristo; y él reinará por los siglos de los siglos. Y los veinticuatro ancianos que estaban sentados delante de Dios en sus tronos, se postraron sobre sus rostros, y adoraron a Dios, diciendo: Te damos gracias, Señor Dios Todopoderoso, el que eres y que eras y que has de venir, porque has tomado tu gran poder, y has reinado. Y se enojaron las naciones, y tu ira ha venido, y el tiempo de juzgar a los muertos, y de dar el galardón a tus siervos los profetas, a los santos, y a los que temen tu nombre, a los pequeños y a los grandes, y de destruir a los que destruyen la tierra.*"

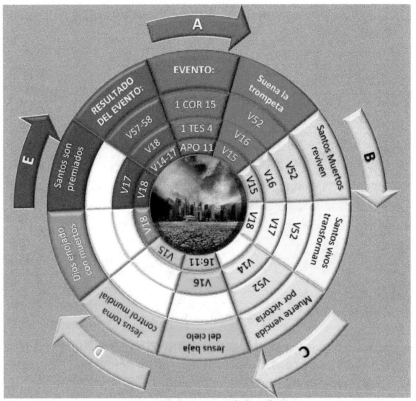

Imagen 31: Eventos proféticos finales

Vemos en estos versículos la piedra angular de Pablo, su profecía del fin de los tiempos. Los fieles son rescatados [sección

B y C en la gráfica] al regresar Jesús [sección C], y Dios se encarga de castigar a los que quedan en la Tierra [sección D]. Nada que ver con lo que está escrito que Jesús predijo para el año 70 DC.

En esta gráfica, inmediatamente notamos que los versículos no solamente están en desacuerdo con los detalles y tiempos que Jesús dio, sino que "falta" información progresivamente indicando que estas profecías fueron evolucionando y siendo añadidas según pasaba el tiempo, o pasaban de una mano a otra.

Según la cronología de los libros del Nuevo Testamento, los evangelios de Mateo y Marcos datan del año 50 DC. 1 Corintios y 1 Tesalonicenses, libros de Pablo, fueron escritos en el año 55 DC, superados por Lucas en el 60 DC y Juan en el 80 DC. Finalmente, Apocalipsis aparece en el año 94 DC. O sea, los libros de Pablo están intercalados entre la publicación de los evangelios. Así y todo, lo que Pablo explica en su elaborada fantasía de la segunda venida no está de acuerdo con los evangelios, y menos sorprendentemente con Apocalipsis.

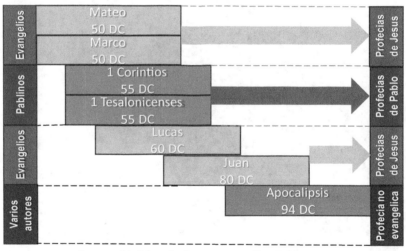

Imagen 32: Línea de tiempo, evangelios, Pablo, otros

Comparando las profecías de Pablo con Apocalipsis, vemos que existen numerosos "huecos" de información que se fueron llenando según el transcurso del tiempo. 1 Corintios termina en la cuarta etapa de la profecía; la muerte vencida. 1 Tesalonicenses, escrito por el mismo autor casi a la vez, va hasta la quinta etapa y se salta hasta el final de la profecía. Apocalipsis, escrito entre 14 y 44 años después de los evangelios, cubre todas las etapas menos una, mostrando que el desarrollo de la profecía de la segunda venida fue un largo proceso evolutivo que comenzó con 1 Corintios y terminó con Apocalipsis 40 años después.

Lo interesante es notar que los evangelios de Juan y Lucas, escritos después de la profecía inicial de Pablo, no concuerdan con Pablo, dando a pensar que había dos y probablemente más grupos de escritores desarrollando el mito de Jesús en diferentes formas. Vemos que estos dos campos de diferentes escritores tenían un concepto o información a su disposición desigual al otro. Existe suficiente espacio para pensar que los evangelios también pasaron por un proceso de cambios, sino no hubieran aparecido los evangelios de Juan y Lucas entre 10 y 30 años después de Mateo y Marcos, que fueron simultáneos. Veamos las diferencias entre Jesús y los "fantasistas" que lo copiaron.

Primero, hay que aclarar un término que comenzó con el Viejo Testamento; el "Hijo del Hombre." Todos asumen que es Jesús. Pero, les tengo una gran sorpresa.

En Ezequiel 2:1, una voz nombra a Ezequiel como el "Hijo del Hombre" o *"ben adam."* Daniel también recibe ese título [43]. Job 25:6 clasifica a *"ben adam"* como un gusano o un producto terrestre, y Salmos 146:3 detalla algo de vital importancia; *"no confíes en los príncipes, ni en el Hijo del Hombre, en quien no hay salvación."* Comparen estos detalles con Juan 5:40, *"no vengan a mí [Jesús, Hijo del Hombre] pensando que tendrán vida."* Vemos que el Hijo del Hombre "no salva," y por sí, no tendrá lugar en la salvación de la humanidad en una segunda venida.

A Jesús lo nombran Hijo del Hombre en varias ocasiones. Pero como él indica claramente, no da vida al que se la pida [44]. Cuando Jesús usa ese término, él se refiere muchas veces a otros "seres humanos," o a sí mismo como un sirviente, algo que se explicará en los siguientes párrafos. En conclusión, "Hijo del Hombre" se refiere a una persona que tenía un oficio o cargo, no a Jesús.

En Lucas 21, Jesús indica que el Hijo del Hombre vendrá en una nube, pronostica estragos terrestres, y da la fecha del evento [45]: *"esta generación no pasará hasta que todo se cumpla."* O sea, en menos de 40 años o antes del año 70 DC, todo lo que Jesús predijo se cumpliría; no en 2.000 años como el Paulismo nos hace creer. Ya que estos eventos pasaron, no habrá la destrucción que Pablo predijo y menos una segunda venida en tiempos futuros. Como verán, Jesús no dijo que vendría otra vez, pero otros seres sí. ¿Qué sucedió para el año 70 DC? La destrucción de Jerusalén y el segundo templo. ¿Qué pasó con los Hijos del Hombre (seres humanos traducido correctamente) que vendrían en una nube? ¿Siguen viniendo por los cielos?

Sobre la segunda venida de Jesús, él nos advierte que no vayamos a verlo al desierto o a otros lugares, porque ahí no estará. Al contrario, la venida del Hijo del Hombre, no de él, será como un breve relámpago [46], y nos confirma que no será él el que venga.

Imagen 33: Destrucción, Segundo Templo (*Bing Image Creator*)

Según la traducción bíblica moderna, este versículo dice incorrectamente; "*como el relámpago que sale del oriente y cubre hasta el occidente, así será también la venida del Hijo del Hombre.*" Ahora, hay muchas cosas que cambiar en este versículo para ver lo que realmente significa la frase.

"ὥσπερ γὰρ ἡ <u>ἀστραπὴ</u> (astrape) ἐξέρχεται ἀπὸ <u>ἀνατολῶν</u> (anatole) καὶ φαίνεται ἕως <u>δυσμῶν</u> (dysme) οὕτως ἔσται καὶ ἡ παρουσία τοῦ υἱοῦ τοῦ ἀνθρώπου."

- *"Astrape"* no es relámpago, es el brillo de una lámpara
- *"Anatole"* no es oriente, sino la "salida del sol" o "amanecer"
- *"dysme"* no es occidente, sino la puesta del sol

Haciendo estos cambios, obtenemos una traducción con un significado más adecuado a lo que Jesús quiso decir:

"Como el brillo del amanecer [del sol] que abarca hasta la puesta, así será también la venida del Hijo del Hombre."

O sea, la venida es un despertar, un amanecer, la venida de la virtud y la sabiduría a la tierra, la Luz, tomar responsabilidad por nuestros deseos, acciones y pensamientos.

Mateo 24:30 detalla una frase clásica de la cual muchas iglesias se cuelgan para alimentar las predicciones de Pablo, pero como verán no tiene mucho valor:

"Aparecerá la señal del Hijo del Hombre en el cielo; y entonces se lamentarán todas las tribus de la tierra, y verán al Hijo del Hombre viniendo sobre las nubes del cielo."

El primer argumento que debemos tener es que, como vimos anteriormente, Hijo del Hombre era un título dado a cualquier persona con un oficio. El segundo es que en los escritos Jesús dijo que él no salvaba y no vendría. Tal como vimos anteriormente, el evento del que Jesús supuestamente habló sucedería en "esta generación (Mat 24:34)," o no más tardar del año 70 DC; no 2.000 años después.

"... no pasará <u>esta generación</u> hasta que todo esto acontezca."

Jesús no regresó en esa generación, pero de repente insinuó que alguien más vendría en su lugar. De todos modos, queda claro que los tiempos y eventos de Pablo no concuerdan con los de Jesús.

Al sentido de la frase "esta generación" se le ha dado muchas vueltas tratando de justificar la profecía de Pablo, pero no es difícil entender que la palabra *"genea"* implica generación, nación, y tiempo, en ese orden. Ahora, cuál de estos significados debemos usar, eso se puede aclarar en Mateo 16:28 donde hay una frase que nos indica el verdadero significado y uso de *"genea"* con referencia a la venida del Hijo del Hombre:

"... hay algunos de los que están aquí, que no probarán la muerte hasta que hayan visto al Hijo del Hombre venir en su autoridad."

Este texto implica que la palabra genea es generación, ya que en ese momento el texto se refería a personas que estaban ahí presentes y que morirían después de ese evento donde Jerusalén sería destruida, o el año 70 DC. Jerusalén sí fue destruida para ese año, pero Jesús no regreso. Esto nos da a pensar que el evento de la destrucción de Jerusalén tuvo que haber sido añadido en los evangelios con el propósito de hacer ver el evento como una profecía que se cumplió, aunque Jesús no apareció.

Queda claro que no habrá una segunda venida, que no se llevaran de la Tierra a los buenos, y que la profecía de una futura destrucción se refería a un evento localizado en Israel para el año 70 DC, no a un evento global que sucedería en nuestro futuro.

Tabla V.
Referencias a otros libros.

Nombre del libro:	Referencias:
Generaciones de Adán	1
Libro del Convenio	3
Las guerras de Jehová	1
Libro delante de Jehová	1
La ley	12
La ley de Moisés	9
Jaser	2
Profecías de Enoc	1
Hechos de Salomón	1
Vidente Samuel	1
Crónicas de los reyes de Israel	30
Crónicas de los reyes de Judá	22
Gad	1
Natán	1
Profecía de Achia el Shilonita	1

Visiones de Iddo	2
Semaías	1
Jehú hijo de Hanani	1
Archivos de sus padres	1
Uzías	1
Crónicas	4
Dichos de los videntes	1
Rollo palabras de Jehová a Jeremías	1
Jeremías contra maldad de Babilonia	1
Libro de memorias	1
Libro de la compra	1
Vision de Nahum	1
Generaciones de Jesús Cristo	1
Esías	1
Salmos	1
Profetas	1
Pre-epístola de Pablo a los Corintios	1
Otra epístola de Pablo a los Efesios	1
Carta de Pablo a Laodicenses	1
Vida	7
Libro de esta profecía	1
Recuerdos	1
TOTAL:	**119**

"Los tontos del mundo han sido aquellos que han establecido religiones, ceremonias, leyes, fe, reglas de vida." – Giordano Bruno.

[1]   es.wikipedia.org/wiki/Libro_de_Enoc

[2]   4Q204-4QEnoch^c ar col I 16-18. *intertextual.bible/text/1-enoch-1.9-jude-1.14*. Clontz, TE; Clontz, J (2008), *"The Comprehensive New Testament with complete textual variant mapping and references for the Dead Sea Scrolls, Philo, Josephus, Nag Hammadi Library, Pseudepigrapha, Apocrypha, Plato, Egyptian Book of the Dead, Talmud, Old Testament, Patristic Writings, Dhammapada, Tacitus, Epic of Gilgamesh,"* Cornerstone, pp 711

[3]   Barker, Margaret. (2005) [1998]. *"The Lost Prophet: The Book of Enoch and Its Influence on Christianity."* London: SPCK; Sheffield Phoenix Press

[4]   Ephraim Isaac, *"1 Enoch: A New Translation and Introduction* in James Charlesworth (ed.) *The Old Testament Pseudoepigrapha,"* vol. 1, pp. 5-89 (New York, Doubleday, 1983

[5]   RH Charles, 1 Enoch SPCK London 1916

[6]   Nickelsburg 1 Enoch, Fortress, 2001

[7]   en.wikipedia.org/wiki/Book_of_Genesis

[8]   Van Seters, John (1998). "The Pentateuch". In Steven L. McKenzie, Matt Patrick Graham (ed.). *"The Hebrew Bible Today: An Introduction to Critical Issues."* Westminster John Knox Press

[9]   www.biblicalarchaeology.org/daily/ancient-cultures/genesis-and-gilgamesh/

[10]   es.wikipedia.org/wiki/Lilit

[11]   es.wikipedia.org/wiki/Antiguo_Testamento

[12]   es.wikipedia.org/wiki/Septuaginta

[13]   en.wikipedia.org/wiki/Old_Testament

[14]   en.wikipedia.org/wiki/Psalms

[15]   Dines, Jennifer M. (2004). Knibb, Michael A. (ed.). "The Septuagint. Understanding the Bible and Its World (1st ed.)." London: T&T Clark

[16]   es.wikipedia.org/wiki/Texto_masorético

[17]   www.biblegateway.com/blog/2016/02/when-was-each-book-of-the-bible-written/

[18]   personman.com/6-added-passages

[19]   hc.edu/museums/dunham-bible-museum/tour-of-the-museum/past-exhibits/biblical-manuscripts

[20]   en.wikipedia.org/wiki/Textual_criticism_of_the_New_Testament

[21]   es.wikipedia.org/wiki/Libro_de_los_muertos

[22]   es.wikipedia.org/wiki/Palingenesia

[23]   en.wikipedia.org/wiki/Eleos

[24]   www.blueletterbible.org/lexicon/g2362/kjv/tr/0-1/

[25]   www.blueletterbible.org/lexicon/g1391/kjv/tr/0-1/

[26]   www.blueletterbible.org/lexicon/g1080/kjv/tr/0-1/

[27]   www.blueletterbible.org/lexicon/g509/kjv/tr/0-1/

[28]   www.blueletterbible.org/lexicon/g3708/kjv/tr/0-1/

[29]   Luciano Samosata, "The Passing of Peregrinus"

[30]   Hullin 2:22f, Hullin 2:24, Qohelet Rabbah 1:8(3), Abodah Zarah 2:2/7, Abodah Zarah 2:2/12, Shabboth 14:4/8, Shabboth 14:4/13

[31]   Sanhedrin 43a, b

[32]   Hechos 9:1-9

[33]   1 Corintios 16:1-3

[34]   Lucas 11:37-54

[35]   Mateo 23:11

[36]   Romanos 1:32

[37]   1 Tito 1:20

[38]   Juan 5:19

[39]   Efesios 4:11-12

[40]   1 Corintios 15:52-54

[41]   1 Tesalonicenses 4:16-17

[42]   Apocalipsis 11:15-18

[43]   Daniel 8:17

[44]   Juan 5:40

[45]   Lucas 21:32, Mateo 24:34

[46]   Mateo 24:27

Capítulo V: *Versiones Bíblicas*

En el transcurso de los siglos, y más precisamente en los últimos 6.000 años, una cadena de documentos antiguos marcaron el paso del crecimiento y complejidad devocional del mundo indoeuropeo, comisiones que tiempos después de su institución original abarcaron todo el planeta sembrando nuevas semillas adaptadas a las creencias locales. Cada semilla dejó huellas incorregibles en la consciencia humana, empeñando el dogma de un ser supremo imaginario que rige sobre la vida y la muerte, un ser que dio poder a sindicatos religiosos para mantener una vigilancia estricta sobre la población, como si ese ser de tanta omnipotencia en realidad no la tuviera y necesitara ayuda del humano para instruir, castigar, y ayudar a la población. Un ser supremo que necesita ayuda, ¿será infinito, o inventado? Un sindicato religioso, ¿podrá proveer pruebas sólidas de su autoridad representativa sin recurrir a una letanía infinita de trabalenguas, documentos sin origen confirmado e igualmente una autoridad, y fe ciega? ¿Dónde está la evidencia indiscutible de la autoridad y dogma divina, sino inyectada por los mismos sindicatos en sus fraudulentos textos extorsionados por los siglos?

El mundo se acostumbró a adorar y vivir con dioses irreales representados por imágenes pavorosas sin intuir que el bien debe hacerse no por miedo al castigo o a la muerte, no por reducir nuestro dolor, no para pagarle a un ser extorsionista para tener una vida mejor. La religión a propósito oscureció la misión del alma y la verdadera joya de gran valor, que es hacer lo correcto en la vida según el diseño infinito, demostrando como vivir para así imprimir en la mente de los demás una consciencia más eterna, portar una elegancia espiritual que es nuestro legado a nuestra descendencia y a nuestra propia unidad existente por todo el cosmos.

¿Con qué objetivo surgieron estos sindicatos religiosos sobre la humanidad? Para tener control, y también dinero. En el centro

de la devoción infinita, existen tres importantes leyes que la
religión ha ignorado a propósito ya que no le conviene:

"Lo que Dios da, no se cobra."
"Nadie es maestro de otro."
"Nadie representa a Dios, solo a sí mismo."

Con estos conceptos infinitos en mente, veamos la evolución
de la biblia y el conjunto de libros canónicos (aceptados) que
varias religiones sin fundamento o evidencia consideraron el
producto de la inspiración divina y el registro de la conexión entre
Dios y los humanos.

Desde los principios del desarrollo de las civilizaciones del medio
oriente, la expresión literaria de eruditos antiguos produjo varios
escritos que para esos tiempos fueron reverenciados como la
inspiración o palabra directa del creador. Hasta este día, nada ha
cambiado al respecto. Hace 5.000 años, la tradición humana en
Egipto ocasionó la compilación del Libro de los Muertos [1], un
libro que inspiró siglos después la creación de escritos sumerios
tales como la Épica de Gilgamesh [2], las crónicas de *Enuma Elish*
[3], los conceptos religiosos caldeos y babilónicos [4], el panteísmo
griego [5], y el *Tora*. Hoy en día, el Libro de los Muertos vive en
incontables hogares, pulpitos, y sitios cibernéticos, pero pocos se
dan cuenta que tiene un nuevo nombre: la biblia.

Como se mencionó anteriormente, la biblia es una colección
de selectos textos antiguos de incierto origen y autografía escritos
en hebreo, arameo y griego. Fue organizada en dos partes
principales: el Antiguo Testamento que se enfoca en escritos
judíos, y el Nuevo Testamento que habla de Jesucristo y
el cristianismo primitivo.

El *Tanaj* consiste de tres secciones: los cinco libros de Moisés
(*Tora*), los profetas (*Nevi'im*), y las escrituras (*Ketuvim*). El
Nuevo Testamento está dividido en cuatro secciones: los cuatro
evangelios, los escritos de Pablo, los libros de los discípulos y los
libros proféticos. Según la iglesia, la biblia es perfecta y no se ha
cambiado. Veamos lo siguiente.

Comentarios hechos por defensores bíblicos de que la biblia no ha sido adulterada, alterada, editada, revisada o manipulada, como hemos visto hasta ahora, estos comentarios no tienen credibilidad. Una simple comparación entre versiones modernas en español demuestra lo amplios que han sido los cambios, y si los comparamos con las versiones en inglés, esto se pone hasta más interesante. Veamos a Mateo 19:28 otra vez, pero comparando diferentes versiones.

Griego: *"Ἰησοῦς εἶπεν αὐτοῖς Ἀμὴν λέγω ὑμῖν ὅτι ὑμεῖς οἱ ἀκολουθήσαντές μοι ἐν τῇ παλιγγενεσίᾳ ὅταν καθίσῃ ὁ υἱὸς τοῦ ἀνθρώπου ἐπὶ θρόνου δόξης."*

- La Palabra: *"Os aseguro que el día de la <u>renovación de todas las cosas</u>, cuando el Hijo del hombre se siente en su trono glorioso."*
- Reina Valera 1960: *"<u>Y Jesús les dijo:</u> De cierto os digo que, en la <u>regeneración</u>, cuando el Hijo del Hombre se siente en el trono <u>de su gloria</u>."*
- Biblia de Las Américas: *"<u>Y Jesús les dijo:</u> En verdad os digo que <u>vosotros que me habéis seguido</u>, en la <u>regeneración</u>, cuando el Hijo del Hombre se siente en el trono <u>de su gloria</u>."*
- Nueva Versión Internacional: *"Les aseguro, <u>respondió Jesús,</u> qué en la <u>renovación de todas las cosas</u>, cuando el Hijo del hombre se siente en su trono <u>glorioso</u>."*

Según los detractores, no se le han hecho alteraciones a la biblia. ¿Qué coherencia vemos aquí? Qué versión es la correcta, ¿renovación de todas las cosas o regeneración, de su gloria o glorioso? ¿De dónde sale, o se pierde, vosotros que me habéis seguido? Ahora, comparemos las versiones en inglés.

- God's Word: *"<u>I can guarantee this truth</u>: When the Son of Man sits on his <u>glorious</u> throne <u>in the world to come</u>."*
- King James: *"<u>And Jesus said unto them, Verily I say unto you,</u> that <u>ye which have followed me, in the regeneration</u> when the Son of man shall sit in the throne <u>of his glory</u>."*
- New International Version: *"<u>Jesus said to them, Truly I tell you, at the renewal of all things</u>, when the Son of Man sits on his <u>glorious</u> throne."*

- 1599 Geneva: "*And Jesus said unto them, verily I say to you, that when the Son of man shall sit in the throne of his Majesty, ye which followed me in the regeneration.*"

Como podemos apreciar, existen pronunciadas diferencias literales entre las versiones bíblicas, encontrándonos con el uso de frases contextuales o una serie de palabras que no necesariamente se pueden intercambiar por otras en un contenido determinado. O sea, "renovación de todas las cosas" y "regeneración" no se pueden intercambiar. Regeneración en sí no nos asegura una cantidad definitiva, y la frase "todas las cosas" altera totalmente el significado y magnitud del versículo. Otro ejemplo sería "su gloria" y "glorioso;" su gloria puede ser algo de su persona, y glorioso un objeto. Vemos también que el uso determinado de "vosotros que me habéis seguido" no aparece en otras versiones y nos preguntamos, ¿de dónde viene? Si vemos el texto griego, ahí encontramos "*akoloutheo moi*" (me han seguido), pero la frase no se encuentra en cada traducción. ¿Por qué razón no? ¿Con qué autoridad ponen, quitan, y cambian palabras selectivamente en la biblia?

Un ejemplo de deliberada adulteración bíblica fue mencionado previamente y se trata del uso de la palabra "regeneración" como la traducción del griego *palingenesia* que significa restaurar la vida después de la muerte, o simplemente reencarnación.

Si las autoridades religiosas piensan que saben lo que hacen cuando seleccionan los libros y versículos que se pueden usar, lo hacen sin fundamento, creando contenido que nunca existió, y ocasionando cambios de significado. Por lo visto, es obvio que no están muy bien de la cabeza, y todo aquel que les haga caso y no averigüen lo que les ofrecen las iglesias, entonces buscan neciamente que les mientan sin valorar o importarles cómo terminará su propia integridad mental.

¿Qué diferencias más podrán existir si tomamos en consideración otros idiomas, sus versiones y credos? Esto fue en un solo versículo. Imaginemos el número de alteraciones que nos esperan en unos 438 idiomas, 31.102 versículos en cada uno, y un promedio de 10 versiones por idioma; un total de por lo menos 136.620.960 cambios.

Si la biblia es perfecta, Dios protege su palabra, y varios sabios revisaron y escogieron las palabras más adecuadas para su óptima traducción, ¿por qué razón hay tantas religiones, pastores enriquecidos por la división eclesiástica, diferentes versiones bíblicas, y cambios de palabras y frases en sus versículos?

- *Como surgieron los cambios en la biblia*

Los cambios hechos en la biblia, si tomamos en cuenta las fuentes antiguas de donde proviene su contenido, nos remontamos al año 4000 AC en Egipto y los primeros textos del Libro de los Muertos. Ahí es donde comienza nuestra odisea de colección, duplicación y cambios literales de los documentos arcaicos que se convirtieron en los libros de la biblia.

La iglesia católica, junto con el papa Dámaso I, fundo en el Concilio de Roma del año 382 DC el Canon Bíblico usando un Nuevo Testamento similar al de Atanasio de Alejandría, y el Antiguo Testamento según la *Septuaginta*. Por encargo de la iglesia, este Canon fue traducido del griego al latín por Jerónimo de Estridón (*Vulgata*) comenzando en el año 382 DC [6]. Desde el año 393 DC hasta el año 419 DC, los Concilios regionales de Hipona y Cartago aprobaron definitivamente dicho canon, mientras el papa Inocencio I le mando la lista de los 73 libros ya existentes del canon al obispo Exuperio de Tolosa en el año 405 DC. 46 libros del Viejo Testamento incluían Tobit, Judit, 1 y 2 Macabeos, Sabiduría, Sirácida y Baruc. El Nuevo Testamento consistía de 27 libros. Vea la Tabla VI más adelante.

A causa de la reforma protestante, el concilio de Trento (1545 al 1563) fijó el canon de la iglesia católica como dogma, y estableció el orden de capítulos elaborados por el cardenal Stephen Langton en el siglo 13 [7]. Martin Lutero cuestionó el propósito de tener la Septuaginta y el canon judío juntos y decidió agruparlos en un apéndice, pero la iglesia católica insistió en mantener su versión.

El canon de las biblias ortodoxas es más amplio que el católico incluyendo el Salmo 151, la Oración de Manasés, 3 Esdras y 3 Macabeos. En otras versiones, 4 Esdras y 4 Macabeos entran como apéndices. Grupos orientales y coptos incluyeron otros libros en su canon, pero otras creencias como los Testigos de Jehová hicieron cambios literales y tanto la iglesia de los Santos de los Últimos Días como la Adventista del Séptimo Día añadieron otros textos escritos por sus profetas; Joseph Smith y Helen G. White respectivamente.

Defensores de la fidelidad e integridad bíblica se basan en la idea de que copias idénticas fueron producidas consistentemente desde tiempos remotos, y que los copistas masoretas hebreos de los siglos VI y X contaban las letras para evitar errores, y recibir su salario. Pero aquellos que no están de acuerdo apelan a situaciones como traducciones de un idioma a otro, copias de estas traducciones, dogmas divergentes, y destrucción o encubrimiento deliberado de textos, indicando que la biblia no es un volumen completo y jamás lo será por el número tan extenso de fragmentos que existen.

Los manuscritos del Mar Muerto confirman que se aplicaron cambios menores a la biblia para el siglo I, pero antes de ese tiempo nadie sabe a ciencia cierta cuantos cambios se hicieron. Para mantener la integridad doctrinal, muchos libros y evangelios apócrifos fueron descartados por los concilios mundiales mientras otros fueron añadidos. Casos como el hallazgo del Evangelio de Tomás y otros textos considerados heréticos en la biblioteca de Nag Hammadi muestran un proceso editorial lento en tiempos pasados. Muchos proponen que otros textos como los escritos apócrifos hallados en Egipto, Qumrán, y otros países lejanos se deben revisar minuciosamente por que el canon bíblico no está completo. Pero si está completo o no, eso no es tan importante como saber la verdadera fuente de todos estos documentos y confirmar su integridad.

Es interesante observar cómo los autores de los evangelios interpretan, modifican, inventan y exageran los supuestos hechos relacionados con la vida de Jesús. Pero sin duda alguna, el más exagerado de los cuatro evangelios es Mateo. Cuando Marcos y Lucas narran la curación de un enfermo mental supuestamente poseído por espíritus [8], Mateo dice que fueron dos [9]. En el caso de una mujer que tenía doce años de padecer de hemorragia vaginal, y que tocó la ropa de Jesús para curarse, según Marcos y Lucas Jesús no supo quién lo había tocado [10], pero según Mateo, Jesús lo supo enseguida debido a sus poderes sobrenaturales [11]. Lucas representa a la hija de doce años de Jairo, rabino de la sinagoga de Cafarnaúm [12], agonizando, pero Mateo cuenta que la niña ya estaba muerta [13] y el rabino pidió a Jesús que la resucitara colocándole la mano encima. Cuando Marcos y Lucas narran que Jesús devuelve la vista a un ciego llamado Bartimeo [14], Mateo afirma que se trataba de dos ciegos, no uno, y no menciona sus nombres [15].

- *Muerte de Jesús y eventos ambientales*

Durante varios siglos, incontables estudiantes bíblicos pusieron en marcha esfuerzos para determinar y confirmar la supuesta fecha de la crucifixión de Jesús según el relato bíblico. Pero no fue hasta tiempos modernos que la ciencia geológica y astronómica lograron desarrollar lo suficiente para poder comparar eventos históricos con los relatos bíblicos.

Aunque a todos los redactores evangélicos les pareció que la muerte de Jesús debía coincidir con una serie de eventos extraordinarios, la versión de Mateo es sin duda la más exagerada. Él es el único que afirma que se produjo un terremoto, tanto durante la muerte de Jesús como su supuesta resurrección [16], y es el único que afirma que los sepulcros se abrieron y muchos que habían "dormido" se levantaron, salieron de sus tumbas, y se dirigieron a Jerusalén apareciéndose a muchos [17].

Realmente es incomprensible cómo una persona de mediana cultura de nuestra época puede creer en estas barbaridades. Sólo imagínense ustedes cómo habría reaccionado la gente si hubiera visto salir de sus sepulcros a cadáveres que de pronto caminaban como autómatas por las calles del pueblo. ¿No les habrían tenido pánico? ¿Cómo podría alguien olvidar algo así? ¿Cómo podría alguien no registrarlo? ¿Y qué pasó con estos cadáveres después?

Fenómenos históricos de semejante calibre como este, si en realidad sucedieron, debieron haber sido reportados por historiadores e investigadores imparciales de la época como Plinio el Viejo, Tácito, Josefo o las crónicas romanas. Sin embargo, lo que los reconocidos historiadores del tiempo tienen que decir sobre Jesús es bastante superficial, y solo el Talmud se atreve a mencionar algo más profundo sobre la vida de Jesús, algo que veremos más adelante. No existe base alguna que confirme estas historias tan infladas u otro relato histórico oficial que respalde con exactitud los hechos, fechas y eventos ambientales como se mostrará en la próxima sección.

La biblia está repleta de cuentos sensacionalistas como el que acabamos de mencionar que reflejan fábulas mitológicas y exageraciones. Al analizar la actividad sísmica en la región de Israel, el geólogo Jefferson Williams y sus colegas Achim Brauer y Markus Schwab descubrieron en los sedimentos de la playa de *Ein Gedi* cerca del Mar Muerto que un terremoto significativo sucedió en el 31 DC y un evento sísmico entre el 26 al 36 DC cuando Poncio Pilato era procurador de Judea [18].

En términos de los datos del terremoto, Williams y su equipo opinan que la actividad sísmica asociada con la crucifixión podría referirse a un terremoto que ocurrió en algún momento antes o después de la crucifixión, no durante, y de hecho fue copiado por el autor del evangelio de Mateo. El terremoto local entre el 26 y el 36 DC fue lo suficientemente enérgico para deformar los sedimentos de *Ein Gedi*, pero no como para producir un registro histórico aún existente y extra bíblico. Si la última posibilidad es cierta, esto significaría que el relato de un terremoto en el evangelio de Mateo es una especie de alegoría [19].

Muchos creen, por medio de escritos religiosos, que hubo un eclipse desde el mediodía hasta las tres de la tarde, y un terremoto rasgó el velo del templo [20]. El evangelio apócrifo de Pedro [21] habla de una oscuridad la suficiente como para tener que usar lámparas hasta el regreso del brillo del sol a las tres de la tarde. Adicionalmente, estos escritos indican que la crucifixión ocurrió durante las Pascuas un viernes por la tarde antes del Shabbat. ¿Se pueden comprobar o refutar estos eventos usando datos científicos? La respuesta es que si se puede y de inmediato vemos numerosas inconsistencias con el relato bíblico.

Como observación, un eclipse solar ocurre cuando la luna se coloca entre la Tierra y el sol cubriendo su luz. En cambio, un eclipse lunar ocurre cuando la luna está detrás de la Tierra y recibe su sombra. Durante las Pascuas, la luna está detrás de la Tierra, está llena, y no tapa el sol. Según los evangelios, la oscuridad duró tres horas, pero un eclipse solar total no dura más de unos 7 u 8 minutos y abarca una sombra máxima como de 256 kilómetros durante ese tiempo; los relatos históricos indican que el eclipse afecto hasta Grecia a unos 1.480 kilómetros de Judea.

Según los datos astronómicos, el 24 de noviembre del año 29 DC ocurrió el eclipse más cercano a Judea y fue parcial. Sí hubo un eclipse el 19 de Marzo del año 33 DC, pero fue antes de las Pascuas y afectó a la Antártida. Los eclipses no causan terremotos o tsunami, y esto nos hace pensar en estas situaciones:

- Si hubo un eclipse solar, no crucificaron a Jesús durante las Pascuas o en ese año
- Si hubo un eclipse solar parcial, fue en otro año
- Si lo crucificaron en las Pascuas, no hubo eclipse solar durante ese tiempo
- No lo crucificaron
- Sucedió un evento catastrófico global desconocido que causó la oscuridad, el tsunami y los terremotos

Todo indica que los relatos sobre lo que sucedió durante la crucifixión no ocurrieron, fueron adaptados para cautivar al público, y la evidencia en su contra es significativa. El historiador helenista Julius Africanus [22] citó al escritor griego del primer siglo Talo quien escribió en el tercer libro de su historia alrededor del año 50 DC sobre eventos relacionados con una oscuridad que ocurrió durante esa época:

"En todo el mundo, se apresuraba una oscuridad espantosa; y las rocas se partieron por un terremoto, y muchos lugares de Judea y otros distritos fueron derribados. Esta oscuridad Thallus, en el tercer libro de su Historia, la llama, como me parece sin razón, un eclipse de sol, porque los hebreos celebran la pascua el día 14 según la luna ... pero un eclipse de sol tiene lugar solo cuando la luna está debajo del sol."

Flegón de Tralles, escritor griego del emperador Adrián, nos brinda un relato detallado sobre un eclipse extraordinario de sol, indicando cuando sucedió, a qué hora, dónde, y lo que causó [23]:

"En el cuarto año de la Olimpiada 202 (27 de Junio – 25 de Julio, del año 32 DC [24]), ocurrió un eclipse de sol mayor y más excelente que cualquiera que hubiera ocurrido antes, a la sexta hora (medio día), el día se convirtió en noche oscura de modo que las estrellas se vieron en el cielo, y un terremoto en

Bitinia (oeste de Turquía) derribó muchos edificios de la ciudad de Nicea."

La primera observación que podemos hacer es que este supuesto eclipse no sucedió durante las pascuas, o en el año 33 DC, ni está respaldado por los datos astronómicos. Es el único evento que puede estar relacionado con la crucifixión de Jesús, pero descarta el tiempo del relato bíblico, mostrando que el evento sucedió antes y no durante el castigo de Jesús; evidentemente, los evangelios asociaron a Jesús con este evento para darle más sensación y valor profético. Vemos también que las Pascuas se celebran en Abril antes de Junio. Si asumimos que hubo luna llena durante el evento que describe Flegón, según el calendario efémero, hubiera sucedido el 11 de Julio del año 32 DC justo durante la Olimpiada 202 [25]. Para cumplir con un eclipse solar, la luna tendría que estar en etapa nueva la cual se cumpliría el 26 de Junio o el 26 de Julio. Dada la fecha de la Olimpiada, el eclipse solar tuvo que haber sucedido un día antes o después de las Olimpiadas.

Otra observación es que el evento sucedió al medio día tal como dicen los evangelios, pero no sucedió en Judea sino en Nicea al oeste de Turquía. Otra vez, vemos una adaptación bíblica más donde se usaron eventos que no estaban relacionados con Jesús o su tiempo, pero sirvieron para justificar profecías mesiánicas, conectar a Jesús con el Mesías, y deliberadamente mentir sobre que Jesús cumplió con las profecías antiguas.

En conclusión, archivos históricos y datos científicos nos demuestran que el eclipse solar ocurrió un año antes de la crucifixión, tres meses después de las pascuas, y a más de mil kilómetros de Judea al sureste de Estambul en Turquía. Que los relatos de estos extraordinarios eventos sucediendo durante la crucifixión son ... falsos.

Más discrepancias con la muerte de Jesús existen. Apocalipsis 11:8 menciona que Jesús fue crucificado en Egipto, pero Mateo indica que fue en el *Gólgota* a las afueras de Jerusalén. Una versión indica que varias mujeres observaban a Jesús cuando colgaba [26], pero en otra estaban lo suficientemente cerca como para poder hablar con él [27] contrario a las normas romanas. Marcos 15:23 dice que a Jesús le dieron vino con mirra para tomar, pero no lo tomó. Mateo 27:48 y Lucas 23:36 indican que le dieron vinagre, pero no asegura que lo tomó. Juan 19:29-30 relata que le dieron vinagre y si lo tomó.

- *Jesús, copia de otros seres*

En los anales de otras civilizaciones, encontramos historias paralelas a los detalles del nacimiento y vida de Jesús, relatos titánicos que tratan de convencer al lector de una santidad la cual fue tomada de mitologías y escritos anteriores.

En el corazón de la mayoría de las teologías antiguas, nos encontramos con misterios relacionados con un dios-hombre que muere y resucita, tiene poderes extraordinarios, y nos deja una promesa de salvación divina. Este misterioso ser fue llamado por muchos nombres en diferentes tierras y creencias, pero como verán en unos momentos, es el mismo personaje. En Egipto, el punto de su origen, lo llamaron Osiris, en Grecia Dioniso, en Asia Menor Attis, en la India Krishna, en el oriente Buda, en Siria Adonis, en Italia Baco, en Persia Mitra, y en épocas modernas Jesús. Comenzamos nuestro estudio evaluando al personaje Osiris-Dioniso preguntándonos, ¿si nadie acepta que esos mitos son ciertos, por qué razón tomamos los eventos sucedidos en Judea, tomados de esos mitos, como historia innegable?

Dioniso: Dios griego (siglo III AC). Según Heródoto y Plutarco, es el mismo Osiris. Igual que Jesús, fue nacido de una virgen el 25 de Diciembre y es el hijo del dios celestial [28]. Al nacer, fue colocado en un tipo de pesebre entre las bestias y se convirtió en un maestro viajero que hacía milagros. Era el dios de la vid y convertía el agua en vino, cabalgó en una procesión triunfal sobre un asno [29], fue un rey sagrado, asesinado, y comido en un ritual eucarístico de fecundidad y purificación. Dioniso, como Jesús y Osiris, también estaba rodeado por doce discípulos [30].

Dioniso viajó al inframundo para rescatar a su amada, surgiendo de la tierra de los muertos después de tres días. El 25 de marzo, el equinoccio de primavera, resucitó de entre los muertos y ascendió al cielo, una fecha a escasos días de las Pascuas. Dioniso fue considerado:

- Padre
- Libertador
- Salvador de los humanos
- Hijo unigénito de la divinidad
- Rey de reyes
- Dios de dioses
- El redentor
- El ungido (mesías)
- El alfa y omega

Además, fue identificado con un cordero y su título sacrificial de "Dendritas" o "Joven del Árbol" indica que fue colgado de un árbol o crucificado. El perfil religioso de Dioniso es indiscutiblemente el mismo que el de Jesús.

Krishna: dios Hindú (3228 AC). Muchos cristianos argumentan que los Hindú para el año 300 DC copiaron la historia de Jesús y de ahí surgió Krishna, pero es todo al revés. Krishna, hijo de *Devaki* esposa de *Vasudeva* [31], es mencionado en un texto escrito en el año 750 AC, y un dibujo del tercer siglo muestra al príncipe *Kansa* tratando de matar al joven Krishna [32]. Krishna, al igual que Jesús, vino del cielo y fue concebido milagrosamente, su parentesco era de genealogía real, fue amenazado de muerte, y se considera ser la reencarnación de un dios trino. Krishna también fue tentado por el demonio, hizo milagros, se transfiguró, predijo su muerte, revivió y fue al cielo. Tanto él como Jesús fueron considerados salvadores de la humanidad, sus padres eran carpinteros, y fueron visitados por sabios al nacer. Ambos sacaban demonios y revivían a los muertos.

Asclepio: dios griego hijo de Apolo. Era un héroe que tenía poderes curativos, resucitaba a los muertos y hacía milagros como Jesús [33]. Las creencias subsiguientes postularon que la serpiente *Glycon* fue una encarnación de Asclepio. La vara de Asclepio, un bastón entrelazado con una serpiente sigue siendo un símbolo de la

medicina en la actualidad.

Attis: dios de la mitología griega y frigia, un ser que llegó al mundo por medio de concepción divina, se auto-castró, murió y resucito a los tres días [34]. Su cuerpo era considerado como pan y sus adoradores rendían cultos dedicados a digerir el pan de su dios [35]. Lo consideraban el pastor de los hombres [36] y contaba con muchos seguidores.

Al igual que Jesús, Attis era considerado como el logo o la palabra [37], y su resurrección dio buenas nuevas de salvación [38] y esperanza a los humanos. Fue crucificado en un árbol [39] y su sangre redimió la tierra [40].

Horus: fue un dios egipcio nacido de una madre virgen, Isis, también conocida como *Seriac* o la estrella Sirio; *Alfa Canis Mayoris*, también conocida como la estrella de los sabios. Igual que Jesús, tuvo que huir al ser perseguido. Horus tenía doce discípulos, caminaba sobre el agua, dio un sermón en un monte, obró varios milagros, fue ejecutado al lado de dos ladrones, resucitó entre los muertos, y ascendió a los cielos [41].

Hércules: hijo del dios *Zeus* [42]. Como Jesús, tenía poderes sobre naturales, viajo por la Tierra como un ser mortal haciendo milagros, y recibió amenazas cuando era pequeño; Hera envió serpientes para matar a Hércules, y con similitud Herodes mando soldados para matar a Jesús. Tras su muerte, ascendió a los cielos tal como Jesús.

Rómulo: fue el legendario fundador y primer rey de Roma, hijo del dios Marte, nació de una virgen. El rey *Amulio* intentó acabar con su vida cuando era niño [43] tirándolo al rio Tíber, pero los sirvientes del rey al ver el rio crecido lo pusieron debajo de un árbol y fue alimentado por una loba. Su padre mortal fue un carpintero.

Glycon: una serpiente que nació de manera milagrosa, llegó a la Tierra como una encarnación de Dioniso y la divinidad [44], y tenía poderes mágicos que estaban relacionados con la fertilidad. ¿Recuerdan al dios serpiente *Quetzalcóatl* [45]—dios de sabiduría, vida y luz—del panteón mexicano? ¿Y qué tal del dios egipcio *Apep* o *Apofis* [46], dios de la oscuridad y el caos?

Vemos que Jesús fue convertido en una combinación de mitos y dioses escogidos por su contenido, habidos y por haber, por toda la tierra conocida y por todos los tiempos antiguos. Este esfuerzo monumental de disfrazar a Jesús como el dios más poderoso que visitó la Tierra, yo lo nombraría; el proyecto mesiánico.

- ### *La biblia, copia de otros mitos*

Las alegorías basadas en cuentos mitológicos antiguos están que sobran por toda la biblia, y Jesús no es el único protagonista predispuesto a ser disfrazado por las artimañas del paganismo. Por ejemplo, el cuento de Sansón es una imitación de la historia de Hércules; la pelea con el león duplica pasajes del quinto trabajo de *Hércules* que era matar al León de *Nemea*. La historia de *Gedeón* (siglo XII AC) y los 300 israelitas que se encuentra en el libro de Jueces (siglo IX) fue insertado siglos después basado en la historia de *Leónidas* y sus 300 espartanos (480 AC). El combate registrado entre *David* y *Goliat* (1000 AC) emula el enfrentamiento que tuvo *Aquiles* contra *Asteropaeus* (1180 AC) en la Ilíada.

Si comparamos la mitología del Jardín del Edén con la Caja de Pandora [47], vemos que ambos relatos hablan sobre la primera mujer y como ella desató el pecado, la enfermedad y el sufrimiento sobre un mundo que hasta ese entonces era un paraíso, terminando con la promesa de esperanza y redención para la humanidad.

Muchas culturas alrededor del planeta tienen historias de un diluvio catastrófico y un héroe virtuoso. En la biblia, tenemos al diluvio de Noé, pero el recuento bíblico no es exclusivo; en las tablillas antiguas cuneiformes sumerias y babilónicas se cuenta una historia similar. El nombre de la contraparte de Noé en la leyenda sumeria es *Ziusudra* (2300 AC) [48], o *Atrahasis* en la antigua Babilonia (1646 AC), después entretejido en la Epopeya de Gilgamesh como *Utnapishtim* [49]. Todos estos textos son anteriores a los textos sagrados hebreos, que más tarde se convertirían en la biblia hebrea.

La contraparte de la historia de Moisés es *Sargón de Akkad* quien tuvo de infante un viaje en una canasta por el rio. La historia de *Sargón* data del año 2279 AC, y Moisés del año 1450 AC. Existe similitud en estilo, expresión y tono entre el Salmo 104 y el Himno a Atón (siglo XIV AC) del faraón *Akenatón*. Otros patrones lingüísticos similares de alabanza y reverencia atribuidos a Akenatón adorando a Atón como dios único están presentes en la redacción de las estelas de la frontera de Amarna. Se pueden discernir similitudes con los salmos bíblicos y otras narraciones bíblicas descriptivas.

El libro profético de Apocalipsis también tiene su doble y lo encontramos en la escatología Zoroastra [50] que data del año 500 AC, donde predice que el sol decaerá, con los días acortándose y la tierra volviéndose árida. Una gran batalla se peleará entre los justos y los malvados, marcada por la llegada del salvador final de la humanidad. Los muertos resucitarían y aquellos dignos del don divino recibirían la inmortalidad y la oportunidad de vivir sin miseria ni miedo en el paraíso.

El Libro de Proverbios fue supuestamente escrito por Salomón, después compilado durante el tiempo de Ezequías a finales del siglo IX AC, y se basa en gran medida en fuentes religiosas no judeocristianas, en particular la Instrucción de

Amenemope escrita en el siglo XIII AC en Egipto [51]. Mientras Proverbios anima a "no robar al pobre, porque es pobre, ni oprimir al humilde en la puerta," *Amenemope* [52] estipula "tener cuidado de robar a los pobres y de oprimir a los afligidos." Del mismo modo, Proverbios incita a "no quitar el lindero de la viuda; y no entres en el campo de los huérfanos," mientras que *Amenemope* ordena "no quites el límite de los límites del campo ... y no violes los límites de la viuda." En la década de 1960, los eruditos bíblicos llegaron a un consenso casi unánime con respecto a la primacía de la Instrucción sobre los Proverbios y declararon una "conexión directa" entre los dos tratados históricos [53].

Hace un siglo, la población creía en la descripción literal del relato de Adán y Eva, pero hoy saben que es un mito. En tiempos presentes, tenemos toda la información y evidencia para confirmar que no sólo la historia de Jesús, sino toda la biblia de cubierta a cubierta no es más que unos cuantos datos históricos mezclados con casi todo el contenido religioso de civilizaciones paganas y antiguas datando hasta hace 6000 años atrás.

Todo lo que creemos saber sobre Jesús, como la imagen romántica del salvador barbudo, es una creación de la imaginación humana y la pluma copiadora de inventores clásicos. En realidad, casi no existe evidencia de la existencia de un Jesús histórico. Pablo, la fuente cristiana más antigua, no muestra ningún conocimiento de un hombre histórico, sólo de un Cristo místico. Los evangelios han sido completamente desacreditados como informes de testigos presenciales. El proyecto mesiánico fue; un fraude. La biblia, no siendo original, no se queda atrás.

Hoy en día, a muchos les resulta bastante difícil imaginar que las historias tanto bíblicas como las de Jesús hayan sido creadas conscientemente, pero esto se debe a que hemos entendido mal la base de la espiritualidad antigua. Los mitos de aquel entonces no se consideraban mentiras como lo son ahora. Al contrario, fueron entendidos como alegorías de la iniciación espiritual que tenían como objetivo la codificación profunda de enseñanzas místicas. O sea, revelación por medio de simbología y tradición.

Para la mayoría de personas que se les dificultaba leer u obtener claridad en todos los detalles detrás de sus religiones, creer era suficiente. Por esa razón, reelaborar, reinterpretar, e infundir nuevas ideas y personajes en viejos mitos para crear otros nuevos era una práctica modelo en el mundo antiguo, y sigue siendo un esfuerzo inconsciente en el centro de la mayoría de creencias actuales. La Tabla VI demuestra estos esfuerzos desde los principios de la experiencia judía.

Tabla VI.
Historia del desarrollo de la biblia.

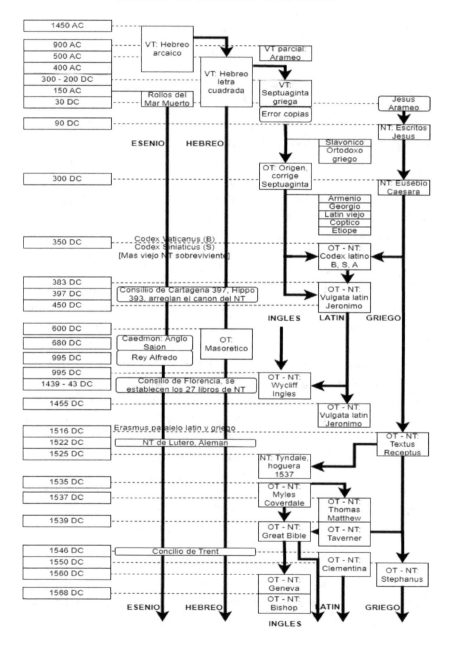

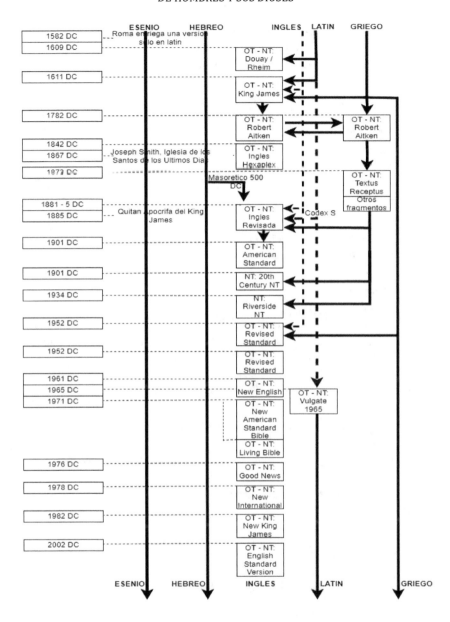

"Tal vez ustedes que me condenan tengan más miedo que yo, que soy condenado." – Giordano Bruno

---

[1]   *es.wikipedia.org/wiki/Libro_de_los_muertos*

[2]   *es.wikipedia.org/wiki/Poema_de_Gilgamesh*

[3]   es.wikipedia.org/wiki/Enûma_Elish

[4]   es.wikipedia.org/wiki/Religión_babilónica

[5]   en.wikipedia.org/wiki/Twelve_Olympians

[6]   en.wikipedia.org/wiki/Jerome

[7]   "Catholic Encyclipedia: Hebrew Bible." www.newadvent.org. 24 de noviembre, 2022

[8]   Marcos 5:1-4, Lucas 8:27-35

[9]   Mateo 8:28

[10] Marcos 5:25-34, Lucas 8:43-45

[11] Mateo 9:20-22

[12] Lucas 8:41-42

[13] Mateo 9:18

[14] Marcos 10:46-52, Lucas 18:35-43

[15] Mateo 20:30-34

[16] Mateo 27:51, 28:2

[17] Mateo 27:52-53

[18] www.nbcnews.com/id/wbna47555983

[19] Williams, Jefferson B., Markus J Schwab and A. Brauer. "An early first-century earthquake in the Dead Sea." International Geology Review, Volume 54, Issue 10, 2012

[20] Mateo 27:45-51, Marcos 15:33, Lucas 23:44-45

[21] escrituras.tripod.com/Textos/EvPedro.htm, V:6 – VI:1

[22] Julius Africanus, "Cesti XVIII.1102"

[23] Flegón, Libro 13. Cotizado en la traducción de Jerónimo en las Crónicas de Eusebio, Olimpiada No. 202

[24] www.numachi.com/~ccount/hmepa/calendars/202.4.Hekatombaion.html

[25] astropixels.com/ephemeris/phasescat/phases0001.html

[26] Marcos 15:40, Mateo 27:55, Lucas 23:49

[27] Juan 19:25-26

[28] stellarhousepublishing.com/Dionysus
      -   Dr. Thomas F. Mathews, "The Clash of the Gods," pp 45
      -   Murdock, "Christ in Egypt," 120-197
      -   Carus, 49; Mangasarian, 74. For the illustration, Carus cites: "After Mus. Bord., I., 49, from Baumeister, Plate I., pp 448."
      -   Wright, 30. See also Adrados, 327
      -   "Classical Journal," 92
      -   "Suns of God: Krishna, Buddha and Christ Unveiled," 95-103, etc

[29] "Holy Dogs and Asses: Animals in the Christian Tradition." Laura Hobgood-Oster

[30] "The Jesus Mysteries: Was the Original Jesus a Pagan God?" Conclusion. Timothy Freke, Peter Gandy

[31] es.wikipedia.org/wiki/Devakī

[32] www.webpages.uidaho.edu/ngier/KrishnaChrist.htm#:~:text=Both%20were%20miraculously%20conceived%3B%20both,both%20predicted%20their%20own%20deaths

[33] *www.msn.com/es-es/noticias/virales/figuras-mitológicas-similares-a-jesús/ss-AA19slNt#image=5*

[34] *www.msn.com/es-es/noticias/virales/figuras-mitológicas-similares-a-jesús/ss-AA19slNt#image=8*

[35] *"Ancient, Medieval and Modern Christianity: The Evolution of a Religion."* Charles Alfred Honore Guignebert

[36] *"Cibelle, Attis and related cults: essays in memory of M. J. Vermaseren."* Maarten Jozef Vermaseren, Eugene N. Lane

[37] *"The Works of Emperor Julian,"* Vol. 1. Harvard University Press, 1954

[38] *"Mythology. the voyage of the hero."* David Adams Leeming

[39] *"Patrick White: Fiction and the Unconscious."* David John Tacey. Oxford University Press, 1988

[40] *"Blood, Milk, Ink, Gold: Abundance and Excess in the French Renaissance."* Rebecca Zorach

[41] *www.msn.com/es-es/noticias/virales/figuras-mitológicas-similares-a-jesús/ss-AA19slNt#image=19*

[42] *www.msn.com/es-es/noticias/virales/figuras-mitológicas-similares-a-jesús/ss-AA19slNt#image=20*

[43] *www.msn.com/es-es/noticias/virales/figuras-mitológicas-similares-a-jesús/ss-AA19slNt#image=23*

[44] *www.msn.com/es-es/noticias/virales/figuras-mitológicas-similares-a-jesús/ss-AA19slNt#image=30*

[45] *en.wikipedia.org/wiki/Category:Snake_gods*

[46] *en.wikipedia.org/wiki/Apep*

[47] *en.wikipedia.org/wiki/Pandora%27s_box*

[48] *www.thecollector.com/bible-stories-ancient-literature/*

[49] *"The Epic of Gilgamesh,"* Benjamin R. Foster, W.W. Norton & Company (2001)

[50] *"Zoroastrians: Their Religious Beliefs and Practices,"* Mary Boyce, Routledge & Kegan Paul (1979)

[51] *"The Alleged Semitic Origin of the Wisdom of Amenemope,"* Ronald J. Williams, Journal of Egyptian Archaeology (1961)

[52] *"The Teachings of Amenemope and Proverbs XXII 17-XXIV 22: Further Reflections on a Long-standing Problem,"* J. A. Emerton, Vetus Testamentum (2001)

[53] *historycollection.com/20-biblical-traditions-heavily-influenced-by-other-ancient-cultures/*

Capítulo VI: *Jesús Bíblico y Real*

L a búsqueda del enigmático Jesús bíblico por arqueólogos, teólogos e historiadores ha sido una tarea ardua por la simple razón de que toda la información que tenemos sobre él viene de segunda mano, de fuentes desconocidas y sospechoso propósito. Opiniones de sindicatos religiosos llevan y traen teorías tanto a favor como reprochando un sin fin de dogmas eclesiásticos en nuestros días centrados en el personaje de un Jesús disfrazado de salvador, pero estos no tienen base de donde sostenerse ya que los textos originales no existen; solo las huellas literales de desconocidos adaptadores antiguos.

La historia tradicional del cristianismo es irremediablemente incompatible con los hechos históricos. Es evidente que debemos revisar fundamentalmente nuestra comprensión de los orígenes cristianos de la manera más impactante. Basado en evidencia histórica y mitológica, el cristianismo no fue una revelación nueva. Fue una continuación del antiguo paganismo, pero con otro nombre. La historia del evangelio de Jesús no es la biografía de un Mesías histórico. Es una reelaboración greco-judía de los antiguos mitos paganos del dios hombre moribundo y resucitado—Osiris-Dioniso—que había sido popular durante siglos en todo el antiguo Mediterráneo.

Tanto los paganos como los cristianos sabían que la historia de Jesús era un mito, y los gnósticos bien sabían que era una alegoría; con razón, la iglesia romana los exterminó de manera brutal, igual que a todo aquel que tuviera evidencia en contra del proyecto mesiánico.

- ¿Existió Jesús?

Para confirmar la existencia de Jesús, es necesario citar tanto datos bíblicos como históricos, compararlos, y de esta forma eliminar datos falsos o erróneos. Según Lucas 2:1-4, Jesús nació durante el censo de Quirino, gobernador de Siria.

> *"Aconteció en aquellos días, que se promulgó un edicto de parte de Augusto César, que todo el mundo fuese empadronado. Este primer censo se hizo siendo Quirino gobernador de Siria. E iban todos para ser registrados, cada uno a su ciudad. Y José subió de Galilea, de la ciudad de Nazaret, a Judea, a la ciudad de David, que se llama Belén, por cuanto era de la casa y familia de David."*

Este relato es difícil de aceptar. Mateo 2:1 relaciona el nacimiento de Jesús con el reinado de Herodes el Grande, pero el censo tuvo lugar en el año 6 DC, nueve años después de la muerte de Herodes en el año 4 AC. No hubo un censo único de todo el imperio bajo Augusto, y ningún censo romano exigía que las personas viajaran desde sus propios hogares a los de sus antepasados lejanos. O sea, el censo de Judea no habría afectado a José y su familia que vivían en Galilea [1].

Algunos conservadores piensan que la biblia es infalible y la defienden a escudo y espada. Estos argumentan que Quirino tuvo un término anterior que lo involucró en asuntos de Judea durante el reinado de Herodes, pero no lo pueden demostrar. Claramente, estas explicaciones fueron rechazadas al no registrarse ninguna carrera de Quirino antes del año 6 DC. Adicionalmente, los romanos no cobraban impuestos directamente a los reinos dependientes y la reacción hostil de los judíos en el año 6 DC sugiere que los impuestos directos establecidos por Roma eran nuevos en ese tiempo, insinuando que el relato de Lucas está en un irremediable error [2]. Herodes y el censo de Quirino no coincidieron. Pero si el eclipse de *Phlegon* ocurrió en el año 32 DC, y Jesús tenía 33 años, entonces Jesús tuvo que haber nacido para el año 1 AC.

Imagen 34: Jesús en su casa, Belén de Galilea (*Bing Image Creator*)

Existe otro problema relacionado con el relato del nacimiento de Jesús, y se trata de dónde fue. Mateo dice que Jesús nació en Belén de Judea y Lucas insinúa lo mismo, pero sabemos que José no hizo el viaje a Judea ya que en esa época la ley romana no lo requería. No cabe duda que los escritores de los evangelios trataron de conectar a Jesús con Belén y a José, para establecer que su linaje descendía del rey David y forzar el cumplimiento de la profecía del Mesías que vendría de Belén, pero José supuestamente no era su padre biológico. Además, la discrepancia entre los años del censo, los encargados del gobierno, y las pólizas romanas no concuerdan con las afirmaciones bíblicas.

Hay otra observación que podemos hacer sobre Belén, y es su localidad. Tres horas caminando al oeste de la ciudad de Nazaret se encuentra Belén de Galilea, también conocido como Belén de Zabulón, considerado por varios historiadores como el sitio donde Jesús pudo haber nacido. La credibilidad sobre esta teoría aumenta cuando vemos que el *moshav* (comunidad) Migdal (torre, púlpito), de donde era María Magdalena, se encuentra a dos horas de distancia, y el Mar de Galilea a diez horas. Si Lucas y Mateo querían asociar a Jesús con Belén de Judea, hay un Belén "Nazareno" al doblar la esquina.

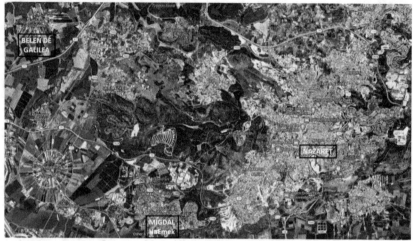

Imagen 35: Belén de Galilea (*Google Maps*)

En conclusión, no se sabe cuándo nació Jesús o dónde con certeza. Solo podemos especular teorías sin evidencias concretas. Esto no descarta su existencia, y examinaremos las referencias que indican que si vivió y padeció durante el primer siglo antes de la destrucción del segundo templo en Jerusalén.

- *Documentos cuestionables*

Existe un documento que es parte del evangelio de Nicodemo [3] llamado; "*Acta Pilati.*" Este texto habla de la crucifixión y los milagros de Jesús. La sección sobre Pilato es un texto más antiguo que se encuentra en los Hechos de Pedro y Pablo, sacado de un escrito todavía más antiguo que data del año 130 DC; el Papiro de *Akhmim* [4] encontrado en Egipto. Si Poncio Pilato escribió esta acta alrededor del año 33 DC, ahí es donde se empieza a perder el hilo de este documento con referencias e intercambio de versiones ciegas.

Justin Martyr se refiere a este texto en el año 140 DC [5], también las Apologías que fueron mandadas al emperador romano Pius y el gobernador Úrbico. Tertulian [6] y Epifanio (376 DC) también la mencionan. Al pasar 97 años sin citar a un documento de tanta importancia histórica, eso eleva sospechas de encubrimiento y falsificación.

Existe otro documento que habla sobre Jesús; el *Talmud* o enseñanza. Esta obra recoge discusiones rabínicas sobre leyes, tradiciones, dichos e historias, y sirvió como el código civil elaborado entre el siglo III y el V por eruditos hebreos de Babilonia e Israel. Inicialmente, la ley oral era transmitida de una generación a la siguiente sin usar ninguna versión escrita, aunque los sabios tenían apuntes privados. Después de la destrucción del segundo templo y el declive económico y político de la comunidad judía en Israel, la continuidad de la transmisión oral estaba en peligro de perderse y se hizo la redacción escrita [7].

¿Qué tiene que ver el *Talmud* con Jesús? Dentro de sus textos, se encuentran varias referencias a un Jesús que muy posible es el Nazareno, pero es difícil de confirmar. Aquí están las referencias a Jesús [8], donde podemos apreciar los efectos de haber escrito este documento unos 200 años después de los hechos. Evidencia de incorporación y adaptación de otros documentos y crónicas orales se encuentra en dos frases: "sanando en nombre de Jesús," y "El Nazareno es crucificado en las Pascuas."

Sanando en el nombre de Jesús no es algo de lo que hay evidencia durante la vida de Jesús y más bien aparece en los escritos de Pablo como hechos de los discípulos de su tiempo. Sobre la crucifixión durante las Pascuas, ya hemos visto que sucedió para Julio del año 32. Esto indica que las referencias del *Talmud*, en parte o en su totalidad, pudieron haber sido añadidas un tiempo después de los hechos también.

Hay una consideración que debemos hacer, y se trata del juicio de Jesús. Si él fue hijo de Pandera, entonces pasaba a ser un ciudadano romano y eso explicaría la razón por la que fue difícil enjuiciarlo y crucificarlo, confirmando por lo menos parte del *Talmud*. Otro punto a favor del *Talmud* se encuentra en los escritos del filósofo Celso (170 DC) quien escribió:

"*Se describe a la madre de Jesús como expulsada por el carpintero que estaba prometido con ella, ya que había sido condenada por adulterio y había tenido un hijo con cierto soldado llamado Pandera* [9]."

Los siguientes puntos son los más prominentes del *Talmud* que hablan sobre la vida de Jesús:

* Hijo de María (adulterio con Pandera) [10]
* Hijo de "Pandera" (soldado romano) [11]
* Genealogía de Jesús están en los archivos del templo [12]
* María era peluquera, costurera [13]
* Jesús era un maestro, tenía discípulos [14]
* Jesús vive una edad de entre 33 a 34 años [15]
* Jesús tenía cinco discípulos, no 12: *Matthai, Naqqai, Netzer, Buni, Todah* [16]
* Jesús regenera y va a los cielos [17]
* Maestro del *Torah* [18]
* Jesús cura los enfermos, hace milagros [19]
* Hijo que salió mal [20]
* Mago, idolatra [21]
* Sanando en nombre de Jesús [22]
* Cargos contra Jesús, muerte, lideres judíos lo planifican [23]
* El Nazareno es crucificado en las Pascuas [24]

Cambiamos nuestra atención a Flavio Josefo [25]. En su libro Antigüedades de los Judíos, escrito alrededor del 93-94 DC, hay dos referencias a Jesús de Nazaret [26]. La primera y más extensa referencia a Jesús se encuentra en el Libro 18 donde afirma que Jesús era el Mesías y un maestro sabio que fue crucificado por Poncio Pilato [27]. Esta cita ha causado ondas de desacuerdo entre algunos eruditos. Algunos rechazan la autenticidad de este pasaje mientras otros la sostienen. Hay un problema con esta frase. Josefo era judío, y por consecuencia no se hubiera referido a Jesús como el Mesías, añadiendo duda a la legitimidad de este escrito. Este punto es muy importante ya que puede darnos a conocer la presencia de manipulación cristiana.

En el centro de esta discusión sobre Josefo existe una posible interpolación o alteración cristiana en sus escritos que sigue sin estar clara [28 29]. Esto da lugar a considerar que, como Josefo incluía escritos de otras fuentes en sus libros, muy posiblemente incluyó textos del momento que ya exageraban la vida de Jesús con historias y mitos antiguos para darle más credibilidad pública. El conocimiento moderno reconoce en gran medida la autenticidad de la segunda referencia a Jesús en las Antigüedades de Josefo, que se encuentra en el Libro 20, capítulo 9, y menciona, *"el hermano de Jesús, que se llamaba el Cristo, y se llamaba Santiago* [30].*"* Esta referencia es considerada más auténtica. Así y todo, vemos que un judío, 60 años después de la muerte de Jesús, con cientos de documentos alterados flotando por todas partes de incierto origen, usa la palabra *"Cristo"* o *"el ungido,"* algo que no era para un judío, más bien un Fariseo, de reconocerlo por escrito o decirlo.

Concluimos que las referencias de Flavio Josefo sobre Jesús tampoco son de fiar y volvemos al punto anterior con Luciano Samosata y los supuestos libros que Jesús escribió; ¿dónde están? El *Talmud* nos indica que Jesús fue hijo de un romano. Vemos que no nació cuándo o dónde la biblia dice. Está claro que los varios escritos que empezaron a circular sobre Jesús no tenían fundamento, pero sin embargo la gente lo asumía como información original muchas veces verbal, datos que llegaron a comprometerse en documentos como el *Talmud* y Antigüedades de Josefo.

"El tiempo es el padre de la verdad, su madre es nuestra mente." – Giordano Bruno.

[1]   Brown, R.E. (1978). *"An Adult Christ at Christmas: Essays on the Three Biblical Christmas Stories."*

[2]   *es.wikipedia.org/wiki/Censo_de_Quirino#cite_note-FOOTNOTEBrown197817-6*

[3]   *www.biblicalcyclopedia.com/N/nicodemus-gospel-of.html*

[4]   Antonio Piñero. *"Todos los evangelios,"* EDAF, 2010

[5]   Apología 1:35 y 1:48. *"... estas cosas sucedieron, lo acertamos del Acta Pilati."*

[6]   Apología 21

[7]   *es.wikipedia.org/wiki/Talmud*

[8]   *en.wikipedia.org/wiki/Jesus_in_the_Talmud*

[9]   Cita de Celso, Peter Schäfer, *"Jesus in the Talmud,"* Princeton University Press, 2007, pp 18–19; Bernhard Pick, *"The Talmud: What It Is and What It Knows of Jesus and His Followers,"* 1887

[10]   Yebamoth 49b, pp 324, Sanhedrin 106a/b, pp 725, Sanhedrin 67a, Shabbat 104b

[11]   Hullin 2:22f, Hullin 2:24, Qohelet Rabbah 1:8(3), Abodah Zarah 2:2/7, Abodah Zarah 2:2/12, Shabboth 14:4/8, Shabboth 14:4/13

[12]   Yevamot 14:8, Yebamoth 49b p.324

[13]   Shabbath 104b

[14]   Sanhedrin 43a

[15]   Sanhedrin 106b

[16]   Sanhedrin 43a, Sanhedrin 43b

[17]   Taanith 65b

[18]   b Adorah Zarah 17^a, Hullin 2:24, Qohelet Rabbah 1:8(3)

[19]   Shabbath 104b, pp 504

[20]   Sanhedrin 103a/b, Berakoth 17b

[21]   Sanhedrin 107b, Sotah 47a

[22]   Hullin 2:22f, Adorah Zarah 2:22/12, b Adorah Zarah 27b, Shabboth 14:4/8, Shabboth 14:4/13, Qohelet Rabbah 1:8

[23]   Sanhedrin 43a

[24]   Sanhedrin 43a, Sanhedrin 43b

[25]   *en.wikipedia.org/wiki/Josephus_on_Jesus*

[26]   Feldman & Hata 1987, pp. 54–57; Flavius Josephus & Maier 1995, pp 12

[27]   Feldman & Hata 1987, pp. 54–57; Maier 2007, pp. 336-337; Schreckenberg & Schubert 1992a, pp. 38–41

[28]   Maier 2007, pp. 336–337; Schreckenberg & Schubert 1992a, pp. 38–41; Dunn 2003, pp 141; Kostenberger, Kellum & Quarles 2009, pp. 104–108; Evans 2001, pp 316; Wansbrough 2004, pp 185; Van Voorst 2003, pp. 509–511

[29]   Ehrman, Bart D. (24 February 2019). *"Do Any Ancient Jewish Sources Mention Jesus?" The Bart Ehrman Blog*

[30]   Louis Feldman pages 55–57. States that the authenticity of the Josephus passage on James has been "almost universally acknowledged."

Capítulo VII: *Símbolos Religiosos*

Alegorías, emblemas, símbolos, metáforas, iconografías, la biblia está repleta de increíbles historias, imágenes románticas, y símbolos encantadores que no concuerdan ni con la realidad, referencias legítimas, ni evidencias rotundas, tal como un verdadero libro de instrucción debe de contener. Pero dar conocimiento de una verdad no era precisamente lo que los antiguos escritores religiosos tenían en mente. Al contrario, el misterio, la codificación mística, y la integración de otros dogmas eran prácticas comunes en aquellos tiempos. El dicho "un símbolo vale más que mil palabras" se convirtió en el estándar devocional. Eventualmente, símbolos, tradiciones, y la oscuridad literaria fueron tomados al pie de la letra. Hasta hoy en día, muchos creen en simbologías como si fueran reales, sin ver de que era una representación o modos de expresarse en aquellos tiempos.

Estatuas imponentes nos transmiten silenciosas emociones desde los altares de las iglesias, las palabras escritas en libros sagrados, y las desconocidas sombras de antiguas creencias a los que se les rinde adoración bajo un manto de respeto y terror. Algunas personas llegan incluso a peregrinar de rodillas por varios kilómetros para llamar la atención y recibir milagros de estos símbolos encarnados en piedra y pintura. Cuanta fe depositada en simbologías restringentes, pero tan poca atención puesta a la sinceridad de donde emana la sabiduría y la respuesta de todo.

Pocos se dan cuenta que la costumbre de depender de símbolos es la puerta hacia la idolatría, y adorar símbolos es entrar por esa puerta. El cristiano debe percatarse que está bajo los reglamentos de un mandamiento [1] mosaico, uno que distingue al cristianismo del paganismo, aunque dicho decreto se originó del paganismo egipcio.

"No te harás imagen, ni ninguna semejanza de lo que esté arriba en el cielo, ni abajo en la tierra, ni en las aguas debajo de la tierra. No te inclinarás a ellas, ni las adorarás."

Si los diez mandamientos son la base ética del cristianismo, ¿por qué se inclina delante de cruces, santos, dibujos de Jesús, y se los adora? No hay excusa, llamémoslo por lo que es; hipocresía. Una imagen es una imagen, una ley es para cumplir y no ignorar a conveniencia, pero vemos que el cristiano cumple sus leyes según le parece, y cuando; no es porque no puede, es porque no quiere. Ahí está el punto sobre la sinceridad que mencionamos anteriormente, la cual es sinónimo con la integridad y la honradez.

La palabra "símbolo" abarca tanto un objeto como un texto o manierismo, pero su uso interpuso en la mente humana objetos de asociación pagana que a propósito no eran claros, tal como no lo sería el mensaje de una parábola precisa. A continuación, veremos el uso y significado de varios símbolos.

- ***Halos y coronas***

El halo representa un aura o resplandor de santidad que convencionalmente se dibujaba rodeando la cabeza. Apareció por primera vez en la cultura de la Grecia y Roma helenísticas, posiblemente relacionado con la *hvarena* zoroástrica—"gloria" o "brillo divino"—que marcó a los reyes persas, y puede haber sido importado con el mitraísmo [2]. Apolo Helios portaba un halo al igual que Jesús, los santos, y los emperadores.

El halo se incorporó al arte paleocristiano en el siglo IV con las primeras imágenes icónicas de Cristo, inicialmente la única figura que se muestra con un halo (junto con su símbolo, el Cordero de Dios). Inicialmente, muchos consideraron que el halo era una representación del Logos de Cristo, su naturaleza divina.

Imagen 36: Halos, santa cena (*Bing Image Creator*)

Un halo con una cruz adentro llegó a significar la santa trinidad. En los dibujos de Jesús, a veces se encontraban las letras "OΩN" o "el que existe," una referencia a *haya asher haya* o Jehová. Halos triangulares se le daban a Dios para representar la trinidad. Santos, María, profetas, ángeles usaban halos redondos. Halos cuadrados se usaban con las personas que aún vivían. Halos hexagonales se les asignaban a personificaciones de las Virtudes. Halos festoneados se encuentran en el evangelio de Ada. Algunas veces, los dibujos mostraban un aura alrededor de la persona llamado "*aureole*" o gloria. El halo negro estaba reservado para Satán, Judas y otros personajes malvados.

El halo no está limitado solamente para uso cristiano. Los sumerios hablan del "*melam*" o brillo de dioses, héroes, y reyes. En el primer siglo, una estatua de Buda lo muestra con un halo. En

Grecia, los héroes peleando en las batallas se muestran con halos. En el hinduismo, budismo, jainismo, y hasta el arte islámico muestran halos. El dios egipcio "*Ra*" se muestra con un disco solar sobre su cabeza. En general podemos apreciar que el halo representa al sol, la luz, la gloria y la divinidad.

Comparemos el significado del halo con el uso de "coronas," las cuales significan gloria, divinidad, martirio como la corona de espinas sobre la cabeza de Jesús (reemplazando su halo solar por sufrimiento), y la realeza [3]. Tanto la corona como el halo vienen representando lo mismo, y ambas son simbologías, pero tienen su origen en la adoración solar que data desde tiempos egipcios como Ra y Atum, y los neolíticos, aunque los nativos americanos y los orientales veneraban al sol y es difícil establecer quien vino primero.

- *Ángeles*

Las religiones y mitologías antiguas desde Europa hasta el Oriente y África dieron a conocer a un ser sobrenatural llamado ángel, cuya función principal era servir a una deidad suprema. Sus funciones y apariencias varían según cada cultura, pero el propósito común del ángel según el cristianismo es de actuar como un intermediario entre la humanidad y Dios, y el de varias otras culturas es de adorarlos. En contraste, el equivalente opuesto lleva por nombre "demonios [4]." Paralelo a la adoración de los ángeles, los pueblos asirios y griegos les añadieron alas a los dioses como *Hermes* o *Eros* [5].

La palabra ángel procede del latín *angĕlus* que a la vez se deriva del griego *ángelo* o "mensajero;" un término que el panteón griego ya usaba para la hija del dios mensajero Hermes [6]. El estudio de los ángeles o la angelología [7] nos da a conocer las raíces y la evolución de la creencia en ángeles según su cultura y tiempo.

Para los Testigos de Jehová hay un ángel supremo y único [8], Jesucristo al que consideran como el arcángel Miguel. En la cultura judía aplicada por los rabinos del siglo II, los ángeles gozan de una larga tradición descritos como seres sobrenaturales sin forma física ni conciencia, actuando solo cuándo y cómo *Yahweh* les indica, y la falta de libre albedrío los posiciona por debajo de la humanidad [9]. En el libro de Enoc, ángeles rebeldes actuaron por su cuenta y fueron expulsados del cielo; los ángeles caídos.

En el islam, un ángel es un mensajero celestial encomendado a adorar a Dios e interactuar con los humanos. Estas son criaturas de virtud en contraste con los demonios. En el zoroastrismo, cada persona tiene un ángel guardián que ayuda y manifiesta la energía de Dios. En la antigua China hasta tiempos modernos se adoraba a *"Shangdi"* o al cielo como una fuerza omnipotente. La función de dioses menores y espíritus ancestrales era hacer su voluntad.

El comentarista griego Proclo usa la palabra "angelical" (*aggelikos*) y "ángel" (*aggelos*) en relación a seres metafísicos. Según Aristóteles, así como hay un motor primario, también debe haber motores secundarios espirituales. Las escrituras de los Sij habla de un ángel de la muerte y otros con funciones diferentes. La tribu *Himba* en África adora al dios *Mukuru*, y los antepasados fallecidos actúan como intermediarios entre Dios y la humanidad.

Como vimos anteriormente, el Levante mediterráneo adoraba a *"El"* y su diosa *"Asherah"* arriba de una montaña. Sus hijos tenían atributos similares a los dioses Olímpicos. Con sede en el Monte Zaphon, Baal, uno de sus hijos, fue el poder militar de la creación. Su hermano Jehová fue designado el dios de las tormentas. Debajo de él estaban los ángeles. Todos formaban la Asamblea de los dioses asignada a la custodia de las naciones humanas.

Por último, hablaremos de los ángeles judeocristianos, específicamente de Miguel y Gabriel. El libro de Daniel nos indica que Miguel era un príncipe persa, no un ángel [10]. En ningún lugar del Viejo Testamento se menciona que Miguel es un ángel, o arcángel. Sólo en el libro de Judas y Apocalipsis en el Nuevo Testamento lo mencionan como arcángel [11]. Vean las siguientes referencias a Miguel, el hombre príncipe de Persia:

"... *he aquí Miguel, <u>uno de los principales príncipes</u>, vino para ayudarme y quedé allí con los reyes de Persia.*" Daniel 10:13.

"... *ninguno me ayuda contra ellos, sino Miguel <u>vuestro príncipe</u>.*" Daniel 10:21.

"*En aquel tiempo se levantará Miguel, el <u>gran príncipe</u> que está de parte de los hijos de tu pueblo ...*" Daniel 12:1

A Gabriel lo menciona el libro de Daniel en dos ocasiones, pero da a entender que es un "varón" y no un ángel [12]. Solo Lucas lo menciona como ángel en el Nuevo Testamento [13]:

"*Y oí una voz de hombre entre las riberas del Ulai, que gritó y dijo: Gabriel, enseña a éste la visión.*" Daniel 8:16

"... *el varón Gabriel, a quien había visto en la visión al principio ...*" Daniel 9:21

Existen otros casos donde "humanos" han hablado con protagonistas bíblicos. Tenemos el caso de los ángeles que visitaron a Lot, pero los moradores de Sodoma los llamaron "varones [14] (*ish*)." Antes de ese evento, Abraham recibió a tres "varones" quienes comieron con él [15].

En conclusión, vemos que la creencia en ángeles viene de una interpretación mitológica, una creencia de intermediarios que van desde seres sirvientes sin consciencia propia hasta dioses encargados de naciones. Algunos fueron humanos, como está escrito "varones," pero los pensadores de aquellos tiempos los confundieron o exageraron como ángeles en sus relatos. De la existencia de todos estos seres no hay evidencia, ni que son ángeles, solo fe de que sí son reales y eso no es suficiente.

- **Torre de Babel**

Después del diluvio, la leyenda bíblica que le sigue, la Torre de Babel, es de repente una de las más enigmáticas y el recuento más estudiado por teólogos y arqueólogos. Por los siglos, esta leyenda ha tratado de impartir a la humanidad un concepto relacionado con la expansión humana por la faz de la tierra, pero ocultando la fuente de su origen. Hay varios relatos históricos y bíblicos conectados con esta leyenda. Considerando lo que la biblia cuenta sobre la Torre de Babel (*migdal babel*) es totalmente incorrecto por muchas razones que veremos. La biblia está tan contaminada con adaptaciones, alteraciones y mala traducción que oscurecen crecidamente el entendimiento del relato de la Torre de Babel.

Imagen 37: Orador elevado, Sinar (*Bing Image Creator*)

En la biblia, la frase *migdal babel* no quiere decir "Torre de Babel." Más bien, esa frase no aparece en la biblia, fue inventada. La palabra "*migdal*" (Strong's H4026) se usa 49 veces en el Viejo Testamento y significa torre, púlpito, y lugar elevado [16]. "*Babel*" (Strong's H894) se menciona 262 veces en el Viejo Testamento y quiere decir simplemente confusión [17]. Babel, como ciudad, también se conoce como Babilonia y fue fundada por *Nimrod* [18], un violento cazador en abierta oposición a *Jehová*.

"*Migdal babel*" se debe interpretar a base de dos condiciones; el significado bíblico asociado con la frase, y la reacción que tuvo *Jehová* cuando vio que la gente estaba unida, alzando esa supuesta torre, y creando un "*sem*" o monumento [19], un símbolo de identidad y separación de *Jehová*.

El libro de Génesis, se refiere a una elevación o púlpito en la tierra de "*Sinar*," un lugar que hoy se conoce como Iraq o el país de los dos ríos [20]. Según el relato bíblico, después que la gente se dispersó del lugar al ser su lengua confundida, ahí es cuando el lugar fue llamado "Babel" donde antes era llamado Sinar.

La reacción de *Jehová* se nota cuando se dio cuenta de lo que el humano hacía y no le gustó nada la idea. De inmediato, *Jehová* entró en acción, propuso ir a *Sinar* con otros seres desconocidos, "*safá*" (mezclarse y confundir) a la población, y causó división para que se apartaran uno del otro [21]. Si no, la gente unida podía lograr hacer lo que se proponían [22].

La biblia, al referirse a la confusión del lenguaje, obviamente no se refiere a la construcción de una torre, sino a la adquisición de unión y entendimiento. Por esta razón, "*migdal*" debe representar un púlpito, un lugar elevado, no a una torre, un esfuerzo en el que *Jehová* intervino para poner fin a la unión y tener a la gente desunida y controlada. Pero la biblia no es el único documento que habla del púlpito o torre de Sinar, y entre todos estos escritos se aprecia tal nivel de variedad legendaria que la única conclusión que derivamos es confusión por información.

En la mitología de Asiria, encontramos varios escritos que hablan de una torre y quién la fundó. En el relato Asirio de *Enmerkar*, el rey de *Uruk*, leemos que él construyó un enorme zigurat en *Eridu*, implorando la unidad lingüística de las tierras y el universo [23]; también existe un relato que da una explicación sumeria sobre la confusión de lenguas [24] y Andrew R. George lo data en el siglo XIV AC [25]. ¿Suena esto algo familiar? El contenido de este relato, que data de la época de Moisés, indica que el escritor de Génesis pudo haber copiado y adaptado el texto sumerio como una historia de los patriarcas bíblicos con *Jehová*. Para concretar este detalle, *Etemenanki*, el templo de la creación del cielo y la tierra, dedicado al dios Marduk en Babilonia, ha sido asociado con la Torre de Babel [26].

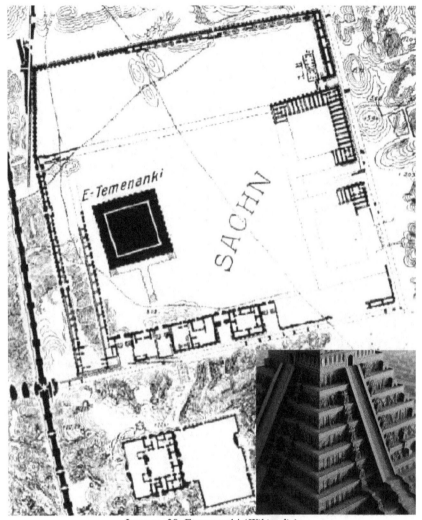

Imagen 38: Etemenanki (*Wikipedia*)

En la creencia islámica, el Faraón egipcio trató de construir una torre para subir y confrontar a *Jehová*, pero si la pirámide de *Keops* en Giza, según Heródoto, demoro 20 años en construirse. Construir una torre mucho más alta hubiera demorado un exceso de tiempo mayor, no se podía terminar en una sola vida, y no existe evidencia de que se haya construido tal torre.

El midrash rabínico indica que el pueblo se rebeló contra *Jehová* y le hicieron la guerra construyendo la torre para enfrentarlo [27]. Flavio Josefo nos habla de *Nimrod* como un rey tirano que trató de apartar al estado de la religión y construyó la torre. El libro de Jubileos nos da hasta las dimensiones de la torre, una altura imposible de 5.433 codos más 2/7 de un codo (0,523 metros cada codo: 2,84 kilómetros, un tercio de la altura del monte Everest o un edificio de 980 pisos). Esto último no tiene lógica ni objetivo arqueológico que lo favorezca. Según la información que se maneja sobre las dimensiones del zigurat Etemenanki, llegó a medir 90 metros de altura [28] y fue reconstruido varias veces.

Tomando en cuenta todos los puntos provistos por diversas fuentes de información, podemos concluir que la leyenda de la Torre de Babel nació de la construcción de un enorme zigurat en Babilonia unos 600 años antes de Moisés que tenía en su cima un templo dedicado a Marduk. Esta estructura se convirtió en un legado bíblico ejemplar de la adoración de otros ideales o dioses y el abandono de *Jehová.*

- *Los secretos alrededor de Lucifer*

Lucifer, del latín para portador de luz, es una forma lírica de referirse al lucero del alba o el planeta Venus, pero en términos religiosos es reconocido como el príncipe de los ángeles rebelados [29]. En la antigüedad, los movimientos de Venus contra las estrellas daban razones para pensar que este astro competía contra otros, que fue destituida, o que su brillo llamaba la atención del hombre como en el caso de la diosa Afrodita. Así mantuvo el concepto del lucero del alba la astrología romana opuesto al lucero de la tarde [30].

Los griegos creían que Venus eran dos astros, *Fósforo* y *Eósforo*, alba y atardecer. El dios Shu egipcio se llamaba "estrella de la mañana." Los aztecas personificaron a Venus como Quetzalcóatl, "señor de la casa del amanecer." Para los eslavos, era uno de los dioses *Zorya*, los nórdicos lo conocían como *Earendel*, y los muiscas de Colombia como *Fagua*.

En la biblia encontramos una contradicción donde se considera a ambos Satanás y Jesús como el lucero del amanecer [31]. Ahí, Lucifer representa al ángel caído por su soberbia. Pero, existe un enorme problema con esa doctrina; la palabra Lucifer no se refiere a Satanás sino al rey de Babilonia. Tampoco se menciona en ningún lugar de la biblia original. *"Helel,"* la palabra que se encuentra en Isaías 14:12, significa "luminoso" o "porta luz;" el epíteto del rey de Babilonia. ¿Cómo nos aseguramos de que Helel fue el rey de Babilonia?

Los detalles sobre Helel se dan en dos versículos que indican que Isaías hablaba no de un ángel caído, sino del rey de Babilonia:

"[32] *Pronunciarás este proverbio contra el rey de Babilonia y dirás: ¡como a parado el opresor! ¡La ciudad dorada paró!*"

"[33] *... rearé de Babilonia el nombre y el remanente.*"

En este siguiente versículo se nos revela que ese rey era asirio:

"[34] *... quebrantaré al asirio en mi tierra, y en mis montes lo hollaré.*"

Nos damos cuenta que por epíteto y mención directa, Isaías se refería a un rey asirio de Babilonia. No sabemos cuándo o quién, pero el próximo versículo nos dice cuándo, y eso nos ayuda a saber quién.

"[35] *Esto sucedió en el año que el rey Ahaz murió.*"

Ahaz era rey de Judá y murió en el año 716 AC. En ese año, reinaba la dinastía IX asiria en Babilonia. Es importante notar la conexión entre el rey Ahaz con los asirios y babilonios de su tiempo. Otros libros bíblicos nos dan referencias que nos ayudan a saber quién fue Helel. Según el año de la muerte de Ahaz y la cronología histórica de los reyes babilonios, el rey asirio que corresponde es "*Marduk-apla-iddina II*" o "*Baladán.*" Pero aún hay más respaldo bíblico, y hasta se menciona a este rey por su nombre.

"[36 37] *En ese tiempo, Merodach-baladán, el hijo de Baladán rey de Babilonia, mando cartas y un regalo a Hezekiah porque escuchó que estuvo enfermo y se recuperó.*"

Aquí tenemos en un solo versículo a ambos protagonistas bíblicos dentro de la misma fecha; Hezekiah, hijo de Ahaz y siguiente rey de Judá, y a Baladán [38].

Imagen 39: Merodach-Baladan (*Wikipedia*)

Si el nombre Lucifer no es bíblico, ¿de dónde viene? De la Vulgata del latín dada por *Scio*. En el pasado, la frase "hijo del amanecer" fue asociada con el mito griego de Faetón que significa brillante o Fósforo; hijos de Eósforo, la aurora, adaptados por la religión en épocas tempranas. Lo que acabó siendo un cuento moral entre los griegos, fue originalmente utilizado por el autor de Isaías para denotar la insolencia del rey babilónico y pasó a la mitología cristiana como ejemplo del orgullo desmedido y la rebelión frustrada contra Jehová.

De esta forma, mediante la alquimia de traducciones, el lucero del amanecer se convirtió en tinieblas, y el Fósforo en azufre. Fue así como los principios del infierno cristiano se crearon, y apareció su líder que en realidad no existía ... Lucifer.

"Ellos no disputan para encontrar o incluso buscar la verdad, sino para ganar y parecer los más eruditos y enérgicos defensores de una opinión contraria. Tales personas deben ser evitadas por todos aquellos que no tengan una buena coraza de paciencia." – Giordano Bruno.

[1]   Éxodo 20: 4-5

[2]   Ramsden, E. H. (1941). *"The Halo: A Further Enquiry into Its Origin."* The Burlington Magazine for Connoisseurs. 78 (457): 123–131

[3]   *en.wikipedia.org/wiki/Crown*

[4]   *es.wikipedia.org/wiki/Demonio*

[5]   Vásquez, Mary S.; Tasende, Ana María Platas. *"Diccionario de términos literarios."* Hispania 86 (2): 269

[6]   *"Angelia."* Theoi

[7]   *es.wikipedia.org/wiki/Angelología*

[8]   *es.wikipedia.org/wiki/Ángel*

[9]   Joseph Hertz: *"Kommentar zum Pentateuch, hier zu Gen 19,17 EU."* Morascha Verlag Zürich, 1984. Band I, pp 164

[10]   Daniel 10:13, 21. Daniel 12:1

[11]   Judas 1:9. Apocalipsis 12:7

[12]   Daniel 9:21. Daniel 8:16

[13]   Lucas 1:19, 26

[14]   Génesis 19:5

[15]   Génesis 18:2

[16]   Génesis 11:4

[17]   Génesis 11:9

[18]   Génesis 10:8-10

[19]   Génesis 11:4

[20]   Génesis 11:2

[21]   Génesis 11:7

[22]   Génesis 11:6

[23]   *es.wikipedia.org/wiki/Torre_de_Babel*, *"Apocalipsis Griego de Baruc"*

[24]   *es.wikipedia.org/wiki/Enmerkar_y_el_Señor_de_Aratta*

[25]   George, Andrew (2007) *"The Tower of Babel: Archaeology, history and cuneiform texts."* Archiv für Orientforschung, 51 (2005/2006). pp. 75–95

[26]   Harris, Stephen L. (2002). *"Understanding the Bible."* McGraw-Hill. pp. 50–51

[27]   Talmud Sanedrín 109a, Sefer ha-Yashar, Noah, ed. Leghorn, 12b

[28]   *es.wikipedia.org/wiki/Etemenanki*

[29]   *dle.rae.es/lucifer*

[30] *es.wikipedia.org/wiki/Lucero_del_alba*

[31] Isaías 14:12, Apocalipsis 22:16

[32] Isaías 14:4

[33] Isaías 14:22

[34] Isaías 14:25

[35] Isaías 14:28

[36] Isaías 39:1

[37] 2 Reyes 20:12

[38] *es.wikipedia.org/wiki/Marduk-apal-iddina_II*

Capítulo VIII: *Lobos Con Túnicas Santas*

Alo largo de los siglos, numerosos escándalos se han registrado dentro de la mayoría de los sindicatos religiosos, especialmente dentro de la iglesia católica; la iglesia cristiana más grande del mundo. Aunque muchos de estos escándalos salieron a la luz en las últimas décadas, la iglesia tiene una larga y polémica historia que se remonta a siglos atrás.

Las redes de comunicación y de noticias son lúcidos testigos de los colosales escándalos que han surgido en las iglesias incluyendo cargos criminales que abarcan desde el homicidio al abuso sexual y la malversación de bienes. La historia también ha dejado su huella intachable en la reputación eclesiástica, algo que muchos ministros y sacerdotes buscan arduamente esconder de sus feligreses porque se les cae el circo y entran en evidencia de su fingida obra de amor; más bien, su juego de extorción y falsedad.

Cuando nos remontamos al pasado, vemos que las páginas de la historia están manchadas de intolerables iniquidades cometidas por la religión que abarcan crímenes salvajes, masacres, engaños, fraude, dictadura y abuso sexual. Los ministros de la religión no han sido un ejemplo a seguir; los dogmas que proponen tampoco lo han sido.

Habiendo estado dentro del sistema por tanto tiempo, pude presenciar las faenas de sus dirigentes muy de cerca y soy testigo de ello. Lobos estafadores cubiertos de túnicas santas, esa es la mejor descripción que encuentro para representar al sindicato religioso y su fingida devoción. Conocí a ministros que se pelean tratando de robarse feligreses e iglesias el uno del otro, y así asegurar sus entradas financieras. Algunos pastores ni se preocupan de ir a sus iglesias cuando ven que sus feligreses no aportan suficiente diezmo; no importa el tamaño de la congregación, solo la cantidad de dinero. Es común ver a los lideres de estos sindicatos echar de cabeza al que se propongan, incluyendo miembros, para favorecer la estabilidad del sistema.

Escándalos financieros y sexuales resonaban en los poderes más altos del sindicato, tratando de ocultarlos de los feligreses donantes. Ministros que abusaban de su poder eran "transferidos" a otras iglesias, pero no expulsados tal como se acostumbra en un sindicato; el sistema protege a los suyos, para que los suyos defiendan al sistema.

Imagen 40: Lobos vestidos de ovejas (*Bing Image Creator*)

Vemos que la corrupción religiosa no es nada nuevo, pero ha sido la norma operativa del sistema religioso desde sus principios. Según se portan los altos funcionarios eclesiásticos, también sus representantes [1] … incluyendo feligreses.

- ### *Papa Alejandro VI*

Papa número 214 de la iglesia católica [2]. Además de dedicarse al pasatiempo bastante peculiar de observar copular a los caballos para divertirse, este Papa también ganó notoriedad cuando se le relacionó con un evento en el año 1501 titulado "El Banquete de las Castañas," también conocido como "La Justa de las Putas." Según el historiador Tony Perrotet, él informa que el Papa logró convencer a 50 mujeres para que se desnudaran y, después, arrojaron castañas al suelo, "obligando a las mujeres a arrastrarse sobre sus pies como cerdos." Se dice que el Papa Alejandro VI añadió emoción a la fiesta al supuestamente ofrecer recompensas al individuo que tuviera la mayor cantidad de encuentros sexuales con mujeres [3].

Alejandro es recordado como un hombre amante de los placeres sensuales, un rasgo que mantuvo inalterado durante toda su vida. Siendo cardenal, tuvo relaciones con Julia Farnesio, casada con Orsino Orsini. Tuvo hijos antes y después que se eligió como Papa.

- ### *Papa Bonifacio VIII*

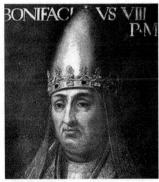

Papa número 193 [4] con una reputación cuestionable. Varios relatos sugieren que tuvo un comportamiento inapropiado con varias mujeres y también con niños, lo que dio lugar a acusaciones póstumas de herejía y sodomía. Incluso, en el "Infierno de Dante," se le retrata como merecedor de un lugar en el infierno. Además, destruyó toda la ciudad de Palestrina, provocando la muerte de aproximadamente 6.000 personas [5].

- ## Papa Inocencio VIII

Fue el Papa número 213. Escrito en el año 1487, el libro "*Malleus Maleficarum*" (conocido como "*Martillo de las Brujas*") surgió tras la declaración del Papa Inocencio VIII afirmando la existencia de las brujas [6]. Esta declaración marcó el inicio de una era oscura en la que innumerables mujeres fueron perseguidas injustamente y ejecutadas bajo solamente la sospecha de ser brujas [7]. Se estima que el número de víctimas de esta época oscila entre 40.000 y 50.000, principalmente mujeres; sin embargo, se cree ampliamente que la cifra real puede ser significativamente mayor, teniendo en cuenta que no todas las ejecuciones se llevaron a cabo en público.

La violencia iniciada por la publicación duró muchos años, como lo demuestran incidentes notables como los juicios de brujas de Salem en 1692. Los registros históricos sugieren que la última ejecución documentada ocurrió en Polonia en 1793 [8]. Sin embargo, la caza de brujas persiste hoy en ciertas regiones, especialmente en varias partes de África.

Este Papa también intensificó la Inquisición, practicó el nepotismo (favorecer a miembros de la familia), y creó nuevos oficios concedidos al mejor postor [9].

- ## Otros casos de corrupción y represión

El rey Felipe IV de Francia presionó al Papa Clemente V, número 195, para que eliminara las Cruzadas debido a sus deudas pendientes con la orden. En 1307, el Papa inició la persecución de los Templarios. En 1312, se obtuvo un número de confesiones de herejía que resultó en la disolución de la orden, seguida por la ejecución de varios miembros mediante la quema.

Juana de Arco fue conocida por sus esfuerzos militares contra los ingleses, pero enfrentó persecución por parte de la iglesia católica debido a su elección de vestimenta. La iglesia finalmente acusó a la joven con más de 70 delitos, uno de los cuales fue el acto de vestir ropa de hombre. En 1431, Juana de Arco fue quemada en la hoguera, pero años después fue reconocida como mártir y en 1920 la misma iglesia que la condenó la canonizó.

El Papa Pío XII es criticado por ignorar los relatos de testigos presenciales sobre ejecuciones masivas perpetradas por los nazis contra los judíos. En agosto de 1942, el arzobispo ucraniano Andrzej Szeptycki informó al Vaticano que los judíos del gueto de Lvov enfrentaban persecución. En septiembre de 1942, el asistente del Papa recibió un informe sobre la persecución de judíos en Varsovia, a pesar de afirmaciones contradictorias. Los reportes fueron ignorados, y el Vaticano al final ayudó a muchos nazis a escapar a otras partes del mundo.

La iglesia ejecutó al erudito inglés William Tyndale quemándolo en la hoguera por su traducción de la biblia al inglés, lo que permitió una accesibilidad generalizada. La iglesia católica se opuso a la distribución de una biblia doméstica al público, lo que llevó a la quema tanto de Tyndale como las copias de su libro. Wycliffe, contribuyente al protestantismo, creía que la iglesia católica debería renunciar a sus posesiones. En 1415, 31 años después de su fallecimiento, Wycliffe fue etiquetado como hereje. Sus escritos fueron incinerados durante un lapso de 12 años, seguido por la cremación de sus restos exhumados.

Galileo Galilei, astrónomo y científico italiano, propuso que la Tierra gira alrededor del sol y que la estrella es el punto focal del universo. Fue acusado de herejía, tuvo que renunciar a sus ideas, y permaneció encarcelado hasta su fallecimiento.

Jan Hus, un teólogo y filósofo checo, creía que la iglesia tenía fallas debido a sus líderes humanos. Sin embargo, sus ideas no cayeron bien en la iglesia católica. En consecuencia, en 1415, Hus fue detenido, acusado de herejía, y finalmente quemado en la hoguera.

 La idea de indulgencia existe en la iglesia desde hace bastante tiempo. Sin embargo, surge la pregunta: ¿qué implica realmente? La indulgencia es el perdón del pecado a base de un pago financiero cómo si fuera una multa. Durante el reinado del Papa León X (1513-1521), era costumbre que los individuos ofrecieran un pago a cambio de la absolución de sus pecados. En casos más extremos, algunos incluso vendieron indulgencias por pecados aún no cometidos, lo que contribuyó a la motivación de Martín Lutero para iniciar la Reforma Protestante.

Durante muchos años, la iglesia católica ha encubierto numerosos casos de abusos sexuales, incluso contra menores. El Papa Francisco admitió y expresó públicamente su oposición a los abusadores sexuales en la iglesia recién en 2019. Aunque no es conocido por su fuerte presencia católica, solo Estados Unidos habría soportado alrededor de 17.200 víctimas, como lo indica un informe del 2011.

Según una investigación realizada en el 2004 por el "John Jay College of Criminal Justice" para la Conferencia de Obispos Católicos de los Estados Unidos, 4.392 sacerdotes y diáconos católicos en ministerio activo entre el 1950 y 2002 fueron acusados de abuso sexual de menores por parte de 10.667 personas. Seis años después, ese número incrementó a 5.375 acusaciones [10], y el número sigue aumentando. Aunque el abuso sexual cometido por representantes de la iglesia ocurrió por todo el mundo desde los principios de la religión, más de 200.000 niños están estimados de haber sufrido abuso sexual a mano de oficiales católicos de España [11].

Un reporte ordenado por el Congreso Español reveló que el 1,13% de la población española sufrió abuso sexual por el clero cuando eran niños. El abuso resultó en el suicidio de muchos afectados, mientras otros jamás pudieron encontrar paz o salir de un estado depresivo que los llevó a la soledad y el sufrimiento.

Continuando con nuestra exposición del fraude religioso, veamos los siguientes casos que en su tiempo estremecieron al mundo. Aunque estos casos se hicieron público y la gente fue advertida del peligro que corrían al arrimarse a los sindicatos religiosos, el fanatismo religioso no paró. Más bien, cogió fuerza [12].

El televangelismo demostró ser lucrativo desde los 1950, con predicadores de alto perfil como Rex Humbard y W.V. Grant quienes lograron un éxito financiero masivo. Jim y Tammy Faye Bakker eran aún más populares, dirigiendo un programa de televisión llamado Praise the Lord (PTL) por 10 años. El escándalo comenzó cuando Jim fue acusado de violar a su secretaria. Los Bakker se embolsaron el exceso de fondos destinados para un parque temático cristiano y no cumplieron con promesas de dar alojamiento en hoteles a la gente. Jim fue sentenciado a 45 años de prisión y cumplió solo cinco. Tammy Faye, su esposa, se divorció de él durante su encarcelamiento.

Gilbert Deya era un evangelista keniano que estableció su ministerio en el Reino Unido a fines de la década del 1990. Gilbert vendió aceite de oliva diciendo que tenía el poder sagrado y combatía el cáncer y el VIH. También, él y su esposa Mary Deya fueron relacionados con el tráfico y secuestro de niños para ayudar a parejas infértiles. Mary Deya fue arrestada en 2004 y Gilbert dos años después al revelarse que habían robado niños de un hospital de Nairobi y los presentaron como "bebés milagrosos."

En 2014, el evangelista Creflo Dollar fue criticado cuando pidió donaciones para comprar un avión de $70 millones de dólares para difundir su ministerio World Changers. En 2012, su hija lo acusó de estrangularla y golpearla. Dollar fue arrestado, pero el cargo fue retirado después de que Dollar completó un curso obligatorio de manejo de la ira.

El orfanato Mount Cashel en Canadá fue un hogar para niños pequeños durante décadas desde los 1950. El orfanato es recordado por el escándalo que lo obligó a cerrar sus puertas 40 años después. Más de 300 residentes fueron abusados por miembros de los Hermanos Cristianos de Irlanda. Este escándalo de abuso sexual fue el más grande en la historia de Canadá y uno de los más grandes del mundo, y se volvió aún más preocupante dado el hecho de que muchas autoridades religiosas y locales sabían del abuso, pero habían pagado a varias víctimas para silenciarlas.

En 2010, la iglesia Bautista Misionera New Birth en Georgia se convirtió en un centro de escándalo. Varios feligreses varones alegaron que el obispo Eddie Long, quien rechazó el matrimonio homosexual, los presionó para tener relaciones sexuales cuando eran adolescentes, acosándolos con regalos y viajes a cambio de sexo. Long llegó a un acuerdo extrajudicial con los demandantes, pero los detalles permanecen confidenciales.

Jimmy Lee Swaggart fue un televangelista pentecostal en los 1980, pero Swaggart se vio involucrado en un escándalo sexual con una prostituta y su asamblea lo despojó de su cargo. La lucha de Swaggart alcanzó su punto máximo cuando, en 1988, se dirigió a su esposa y a su congregación en una confesión a medias. Millones de personas lo vieron por televisión y fue uno de los momentos más memorables del auge televangelista.

El escándalo de las filtraciones del Vaticano, o "VatiLeaks," recibió la atención pública cuando se publicó un libro del periodista italiano Gianluigi Nuzzi titulado, *"Su Santidad: Los documentos secretos de Benedicto XVI."* El libro contenía cartas entre el Papa Benedicto XVI y su secretario personal exponiendo historias de corrupción financiera, incluido el soborno. Una investigación interna del Vaticano reveló que personas ajenas a la iglesia amenazaron a clérigos homosexuales, causando que el Papa renunciara a su cargo, la primera vez en casi 600 años que un Papa lo hacía.

Ted Haggard, ex pastor de una megaiglesia y ex presidente de la Asociación Nacional de Evangélicos, cayó en desgracia después de un escándalo de sexo y drogas entre homosexuales. Ahora es acusado de consumir metanfetamina y comportarse de manera inapropiada con hombres jóvenes de la iglesia [13].

Es triste llevar esta información al público. Por esa razón, el que necesite más detalles, puede encontrar datos en el internet bajo las secciones de escándalos y abuso sexual por las iglesias, incluyendo tablas y gráficas que muestran la enorme epidemia obscena que es la religión.

"Es una prueba de bajeza y bajeza el querer pensar con las masas o con la mayoría, simplemente porque la mayoría es la mayoría. La verdad no cambia porque la mayoría de la gente la crea o no." – Giordano Bruno

[1]   *cnnespanol.cnn.com/2018/04/11/8-de-los-peores-papas-en-la-historia-de-la-iglesia-catolica/*

[2]   *es.wikipedia.org/wiki/Alejandro_VI*

[3]   *ro.wikipedia.org/wiki/Papa_Alexandru_al_VI-lea*

[4]   *es.wikipedia.org/wiki/Bonifacio_VIII*

[5]   Cf. Luigi Mezzadri, *"Storia della Chiesa tra Medioevo ed epoca Moderna."* Roma 2001, pp 53

[6]   Burckhardt, Jacob (1985). *"La cultura del Renacimiento en Italia II."* Ediciones Orbis. pp 397-398

[7]   *es.wikipedia.org/wiki/Inocencio_VIII*

[8]   *es.wikipedia.org/wiki/Caza_de_brujas*

[9]   *Enciclopedia Católica, "Inocencio VIII"*

[10]   *www.rosenfeldinjurylawyers.com/sexual-abuse-lawyer/clergy/statistics/*

[11]   *www.bbc.com/news/world-europe-67238572*

[12]   *www.watchmojo.com/articles/top-10-most-shocking-religious-scandals*

[13]   *religionnews.com/2022/07/26/disgraced-pastor-ted-haggard-faces-new-allegations/*

Capítulo IX: *La Biblia, ¿Inerrante?*

Existe un caudal de frases desarmadoras que la religión ha inventado a lo largo de los siglos para debilitar todo intento de derrumbar sus falsas doctrinas. Una de las frases más nombradas es que "la biblia es inerrante" y palabra santa. Es decir, sin errores, porque es la palabra inspirada de Dios, Dios dijo, y Dios no se equivoca. Pero, ¿qué significa exactamente decir esto? ¿Y cómo enfrentan las numerosas críticas y los ataques en contra de la autoridad bíblica los que defienden a raja tabla estos puntos de vista?

Es innegable qué cuando se desata un desafío entre puntos de vistas, se recurre al palabrerío en vez de a pruebas contundentes, y se ha reemplazado el espíritu de la sabiduría por la ineptitud. Lo que gana al final es la insolencia, no la verdad.

"La actitud defensiva es una clara demostración que no queda otra alternativa que la agresión para sostener algún punto de vista."

Los defensores que creen que existen puntos de vistas creíbles en la biblia a menudo están de acuerdo con la Declaración de Chicago sobre la inerrancia bíblica. Esta declaración fue formulada en 1978 por más de 200 líderes evangélicos en una conferencia patrocinada por el Consejo Internacional sobre la inerrancia bíblica [1]. Los firmantes de la declaración procedían de una amplia variedad de denominaciones protestantes e incluían a personajes tan notables como J. I. Packer (evangélico), Francis Schaeffer (Presbiteriano) y R. C. Sproul (Presbiteriano).

Una de las afirmaciones clave de la declaración es que sólo los manuscritos "originales" de la biblia se consideran inerrantes, y no las copias o traducciones de los mismos. Esto puede parecer problemático ya que los manuscritos originales se han perdido en la historia. Esta afirmación le hunde el clavo final al sarcófago bíblico para al fin poder enterrarlo, y chao. Sin embargo, por otro lado, los estudiosos de la disciplina bíblica que llevan por nombre "la crítica textual" todavía siguen desenterrando esa arcaica biblia creyendo que han logrado reconstruir los originales con un altísimo grado de precisión, y que están haciendo lo correcto en el nombre de Dios para toda la humanidad.

Imagen 41: Ineptitud e insolencia, no verdad (*Bing Image Creator*)

Ahí está el gran problema que no permite erradicar para siempre la aparentemente interminable epidemia bíblica; creer que un escrito puede ser el original, pero sin considerar si es un relato legítimo o no. Son estas personas fanáticas y de poca comprensión que no dejan que el mundo avance espiritualmente y se deje de lastimar el uno al otro, apoyando la distribución de una antigua novela de violencia inmortal y obscenidad sin igual.

La declaración de Chicago también acepta que la biblia incluye un lenguaje simbólico, poético y de experiencia personal; o sea, una novela. Esta es otra llave desarmadora, crítica para seguir permitiendo la promoción de textos ilegítimos y falaces por fanáticos que buscan disfrutar de un logro siniestro con la gente. Algunas de las críticas dirigidas hacia la biblia suelen desaparecer cuando se tiene en cuenta que la biblia es una novela a la par con Don Quijote y Anna Karenina, porque ya no importa si su texto es verdad o no. Pero los seguidores de la "crítica textual" (fanáblicos) se absuelven en el éxtasis simbólico de la novela bíblica y la presentan como una inspiración divina, haciendo intrigantes patrañas sonar como la verdad; noveleros modernos escribiendo nuevas novelas por encima de antiguas novelas.

Estos fanáblicos hablan de la ciencia inerrante de la biblia, pero ignoran que tal novela claramente se contradice desde sus primeras letras y muestra un Dios feroz. Los fanáblicos también creen que la biblia no tiene error, que es factual, y que históricamente es correcta; qué verdadera ironía y que cara dura hay que ser para mantener estas falsas creencias a plena vista de tanto error, farsa, y fallos bíblicos tanto en fechas como en datos.

Recordemos los datos que comprobamos anteriormente, pero vamos a revisar algunos por si todavía existe alguna duda. ¿Quién puede creer que Jehová mató a 500.000 de los soldados de Israel, casi la mitad de la armada, cuando sabemos que en ese tiempo los Filisteos y los Asirios hubieran fácilmente borrado a Israel del mapa sin ellos? ¿Por qué la estancia de Israel en Babilonia cuenta con 70 años, cuando en la actualidad fue mucho menos tiempo (Jer 25:11)? ¿No está comprobado que muchos dichos de Jesús fueron añadidos hasta 1200 años después de su muerte? ¿Por qué varios relatos como la caída de Gezer bajo el rey Hazael de Siria no encaja con fechas de estudios de radiocarbono [2]?

No es solamente errante la biblia, sino todo aquel que en ella depende.

- *El marketing religioso*

Por suerte, hay leyes que defienden al consumidor de la Publicidad Falsa. Esto va a sonar algo sorprendente, pero merece debida consideración; estas leyes deberían también aplicarse a la religión y otras prácticas pseudo científicas. No deben existir entidades que proveen productos o servicios falsos, no importa por ética si estamos hablando de una creencia o no. Por lo menos, la religión debe llevar una advertencia en su envase que diga; "El contenido de este producto no ha sido comprobado. El consumidor asume todo el riesgo de su uso."

Imagen 42: Publicidad falsa (*Bing Image Creator*)

La mayoría de la gente se deja llevar por impulsos posesivos influenciados por la esperanza, la ilusión, la ventaja personal, etc, y no se da el tiempo necesario para realmente pensar en las consecuencias que pueden llegar a tener sus decisiones. Para mucha gente, con solo ver una cara de aceptación, o un gesto alentador de parte de un evangelista desconocido, eso ya es suficiente para confiarse inocentemente sin pedirle más pruebas o afrontar su verdadera fuente de información y propósito.

En mi caso, cuando los evangelistas tocaban a mi puerta, yo con mucha cortesía les permitía entrar para que compartieran sus conceptos religiosos sin decirles de ante mano mis conocimientos. Pero después que pasaba una hora, yo les decía, "¿qué pregunta les hice que abordó su tema?" No sabían que decirme, incapaces de ser sinceros y admitir que estaban siguiendo un guion estándar creado por su iglesia mostrando una creencia distinta al verdadero contenido bíblico.

Para ayudar a que estas personas fueran honestas y salieran de su programación mental, yo les pedía que me confirmaran el autor legítimo de los libros a los que hicieron referencia. Sí, me daban un nombre, pero cuando les contaba la historia de cada libro y sus cambios, hasta su pastor se quedaba callado, sino pasmado, demostrando que no sabían nada de la fuente en que creían. En ese momento, ellos terminaban la visita, pero antes de irse me invitaban a su iglesia para que yo "sintiera el poder de la fe" y "la voz de Dios." Les agradecía la invitación, pero les preguntaba si podía hacerles preguntas durante su sermón sobre la fuente original de lo que hablaban en público; esa fue la última vez que los vi, nunca más aparecieron por mí casa.

Con lo que la mayoría de evangelistas te enganchan es con "fe ciega," auto engaño, y miedo al desafío doctrinal, la principal herramienta que usa el evangelismo. Todo hay que cuestionarlo y pedir evidencia sólida, avalada por fuentes seguras que no estén ligadas con el sistema de creencia en lo que concierne; una segunda y tercera opinión valdrá la pena. Sí, hay que confiar, pero verificar, porque su vida depende de lo que acepte como la verdad.

La fe no es algo que se siente; se gana. En hebreo, fe es *"emunach"* y quiere decir "seguir con sabiduría" y confirmación. En griego, *"pistis"* significa "creer, confianza," convicción firme sin saber; confiar en información no confirmada. En la religión griega, pistis era la personificación de la fe y la confianza. Un estrecho vínculo entre fe y persuasión se transformó aún más como una técnica retórica, debate y palabrería, la cual se adaptó cómo lo que hoy conocemos como "el evangelismo [3]."

La forma en la que la "fe" religiosa se maneja es la piedra angular del engaño divino y la perdición personal. ¿Qué diferencia creen que hay entre las frases *'este jarabe te sanará,'* y *'este ser te salvará'*? En realidad, ninguna. En el primer caso, no tienes evidencia de lo que contiene el jarabe, que efectos secundarios tiene, o si de verdad funciona. En el segundo caso, tampoco hay evidencia del ser o su función. ¿Tomarías un jarabe, o dependerías de alguien, sin saber?

Si un producto que no ha sido comprobado, tal como algunos remedios alternativos que invaden las redes, se clasificara como una creencia igual que la religión, entonces pronto no existiría protección alguna para el consumidor de todo tipo de producto o servicio. Productos falsos engañarían al público sin piedad. El pan de la panadería, el vendedor callejero, las ventas en el internet; si nos basamos solo en la palabra o creencia del vendedor de que su producto es bueno, recibiríamos servicios peligrosos.

Los fanáblicos usan varios métodos para vender su producto religioso. Para promocionar sus servicios, el evangelista—alias el vendedor, referido como "obrero laico"—regularmente se prepara de anticipo, selecciona y embrolla cierta información que le favorece, y se la presenta a sus clientes potenciales, aconsejando que su mensaje es efectivo, sus doctrinas beneficiosas, la biblia es inerrante, y hay que tener "fe;" sin dar evidencia teológica o neutral. El objetivo final del evangelista es de recaudar miembros para su iglesia e incrementar sus cofres. Y por supuesto, algunos evangelistas son pagados por la iglesia que los manda, mientras otros se lanzan por su cuenta vendiendo productos y libros de puerta a puerta por precios altísimos.

Las estrategias, el encanto y la entrega impecable utilizada por estos fanáblicos explotan los miedos, vulnerabilidades, y aspiraciones de clientes desprevenidos. Es marketing llevado a un nivel de intensidad y enredo literal jamás visto antes. La ilusión causada por ciertas historias milagrosas bíblicas, tanto antiguas como actuales, los testimonios de triunfos por parte de personas a veces pagadas, el uso de un idioma pseudo científico, la maestría teatral, la explotación emocional, el insulto en contra de legítimos relatos históricos o científicos, y la apariencia de caridad, todos son métodos efectivos que se usan en el proceso de convertir a la gente.

La realidad del constante cambio de los productos fanáblicos, con el fin de lograr evadir prestigio negativo o repercusiones legales, es tanto obvio como agotador. Los sindicatos religiosos cambiaban los nombres y envases engañosos de sus productos, transformándolos en algo aparentemente nuevo y mejorado para evadir crítica en su contra. No solo eso, antes de que los fanáblicos toquen a tu puerta, o se anuncien por las redes de comunicación, ya llevaron a cabo un extensivo estudio de la población a la que se van a dirigir y están preparados para explotar las necesidades de la gente. Sí, estos evangelistas les pagan a centros de datos demográficos para que les provean estudios de la población local, y no hay ni una sola tilde que se les escape. A veces, saben más de ti y tu barrio, que tú de ti mismo.

Lo sé, porque esto lo presencié.

Imagen 43: Por dinero, la mona baila (*Bing Image Creator*)

Las religiones saben muy bien en lo que invierten y cuándo. No se lanzan en un área que no provee suficiente ganancia; no se trata de miembros, pero sí de dinero. Por ejemplo, una iglesia hispana no se establece en un pueblo alemán, solo que la demográfica muestre que hay hispanos ahí. Obreros laicos, al tocar en puertas, ya saben la capacidad financiera del área y a donde ir para vender sus falsas promesas, adaptando su mensaje para la necesidad local. Muchos fanáblicos se la pasan manejando por el área y observando los modales, propiedades, creencias, y hasta lo que la gente come, cuando, donde compra y cuánto gastan. Ahora, al leer esto, ¿no se sienten vigilados?

Las iglesias normalmente prestan servicios a la comunidad y a lugares necesitados en varias partes del mundo, y eso está muy bien, pero con un fin en mente; enfrentar y competir contra el peso de la presión rival rendida por otros sindicatos eclesiásticos ... con un costo financiero administrativo, no es gratis. Muchos no saben que varios sindicatos son fundados por donaciones públicas, gubernamentales, y asociaciones globales. Es más, las Naciones Unidas conceden el Estatus Consultivo General a las religiones para que testifiquen y participen en su trabajo global, implicando una relación entre la religión y el estado global [4].

Cada cuántos meses, las iglesias hacen vendimias, fiestas, y obras de caridad en el barrio donde están localizadas con el fin de darse a conocer y crecer su membresía. No hay nada indebido en esa práctica, es de esperar que todo ser busque la forma de compartir el bienestar en un ambiente de unión sincera, compañerismo desinteresado y amistad sana. Es decir, tratar al prójimo sin albergar intereses personales o contextos partidarios, sirviendo a los demás sin pedir beneficio propio a cambio. Pero al momento que el propósito de rendir bienestar es influenciado por aspiraciones partidistas, ahí es donde deja de existir el espíritu de la franqueza y el respeto al prójimo. Pocas fueron las veces que presencié que la intención religiosa era desinteresada, donde el objetivo que motivaba a los miembros de la iglesia venía de una supuesta orden bíblica que en realidad es ficticia y usada para lucro sindical.

Cada devoto cristiano ha sido adoctrinado en un concepto que se titula la "Gran Comisión," la misión de cada creyente de ir y evangelizar a toda persona con que se topen. El concepto de la Comisión es la verdadera razón por la que los fanáblicos se desbocan buscando a quien incrustar en su religión, usando toda manera posible de convertir a nuevos clientes escépticos con tanta diligencia mintiéndoles, fingiendo amistades, o amenazándolos de muerte si es necesario. El motivo simplemente nace del miedo de no cumplir con esa Comisión y no ganarse el cielo. Pero, ¿será legítima esta Comisión? Veamos por qué no lo es.

En Mateo 28:19, Jesús supuestamente estableció la Comisión donde le pidió a sus seguidores que establecieran discípulos por todo el mundo y los bautizaran en el nombre del *"Padre, el Hijo y el Espíritu Santo;"* la trinidad, el concepto de que dios eran tres personas divinas en una, algo que consumió por muchos años la mente de los antiguos fundadores del cristianismo. Los detalles de la Comisión que dominan el concepto de la trinidad aparecen en un solo evangelio y versículo, el que acaban de leer. La Comisión, siendo un concepto tan importante para todo cristianismo, es levemente mencionado en la biblia y da motivo para suscitar dudas. Los otros evangelios no hablan de la trinidad, ni mencionan la misma obra que debe cumplir. Más bien, los evangelios están en conflicto sobre este tema como lo demuestra la Tabla VII.

Tabla VII.
Acciones de la Comisión.

	Lucas 24:47	Marcos 16:15	Mateo 28:19
Versículo:	Que se **predique** en su nombre [**Jesús**] el **arrepentimiento y el perdón** de pecados en **todas las naciones**, comenzando desde Jerusalén	Id por **todo el mundo** y **predicad** el evangelio a **toda criatura** ... el que se **bautice** se salvará	Id, y **haced discípulos a todas las naciones**, **bautizándolos** en el nombre del **Padre, y del Hijo, y del Espíritu Santo**
Acción:	Predicar	Predicar	Educar, bautizar
A quién:	Arrepentir/Perdón	No especifica	Discípulos
Donde:	Jerusalén a todo mundo	Toda criatura/mundo	Toda nación
Quién ordena:	Jesús	No especifica	Padre, hijo, esp santo

La trinidad, basada en un solo versículo literal, no tiene respaldo ninguno. Por un lado, muchos creen que "Elohim," el plural de dios, indica la trinidad. Pero como vimos anteriormente, la palabra significa concilio o poderosos, y es el padre de Jehová y Baal. Ahora, como muchos dicen cosas sin fundamento, podemos suponer que Elohim representa al padre, Baal al hijo, y Jehová al espíritu santo, pero si no sabemos el significado de espíritu santo entonces opacamos la verdad con nuestra imaginación.

Estudiemos la trinidad en detalle, comenzando con el espíritu santo o *"qodesh ruah"* que, en hebreo, tiene un significado similar a "verdad, respiro, o vida apartada" y aparece solo tres veces en el Viejo Testamento. En el Nuevo Testamento, aparece por lo menos

192 veces dependiendo de la versión, se escribe *"agios pneuma"* y significa "espíritu sagrado o apartado," personificando a un ser desconocido en una forma de vivir que no es terrestre. Esto se desvía totalmente del concepto hebreo de la vida apartada, y demuestra que el espíritu santo, cómo un ser, es otra creación de la creencia griega cumpliendo con su tenaz costumbre de convertir todo lo que veían en un dios; nada que ver con los escritos judíos. El aire (*anemoi*), la noche (*nix*), la suerte (*tique*), hasta el sueño (*hipnos*) y la fe (*pistis*), todos eran dioses para los griegos, una cultura que hasta a una mosca ya la consideraban un dios.

Cada apariencia del espíritu santo en el Nuevo Testamento se debe considerar como una deificación griega y por tal es algo más que fue añadido a la historia de Jesús para endiosarlo. Con este entendimiento, el concepto del espíritu santo se desploma sabiendo que es una elaboración griega. Sin el espíritu santo, la trinidad no tiene sentido, y menos sin el hijo, algo que verán próximo.

El estudio y la sabiduría, no la religión, es la solución para la evolución. No creas en la religión, pensando que al ser ellos más numerosos que tú, saben más. El número de asociados del sindicato, y lo que estudiaron, no los hacen más sabios que nadie, más bien los limita. Cuestiónalo todo, no te vayas por el camino fácil o te dejes influenciar por otros que estudiaron quién sabe qué y dónde. No dejes que nadie represente tu verdad, búscala y compruébala tú mismo.

No hay necesidad de una religión que te dicte lo que haces bien o mal. Si no sabes distinguir entre el bien y el mal, entonces ¿cómo vas a saber si la religión es o no es buena? Lo que te falta no es seguir una religión, sino consciencia y sabiduría personal que te vaya mostrando que tanto el bien como el mal no son reglas fijas, sino estados de inteligencia, altos y bajos, relativos al nivel de desarrollo de cada persona. Por esa razón, el bien y el mal no existen; siempre hay infinitamente más mal que mal, y más bien que bien. Lo que ahora ves bien, cuándo seas más sabio, lo veras como algo no tan bien. Bueno solo hay uno, perfecto no hay nadie, el creer ser bueno pavimenta el camino hacia la oscuridad, el error no es pecado sino aprendizaje, y la sinceridad educa el error. Ponte a cuestionar, y estudiar.

- *El hijo de Dios*

Otro punto importante en la creencia de la trinidad es el concepto del Hijo, el Mesías que debía de venir. En Isaías 9:6 se encuentra la siguiente definición del ungido, la que se usa cómo evidencia profética que confirma que Jesús fue el Mesías:

"Maravilloso, consejero, poderoso Dios, padre eterno, príncipe de paz."

Sucede que Juan 14:26 también llama a Jesús consejero, pero su testimonio personal no es suficiente evidencia para darle credibilidad a una supuesta conexión entre Jesús y el versículo de Isaías. Más bien, el escritor de Juan pudo haber copiado a Isaías para favorecer su punto de vista, al igual que lo fueron miles de otras citas antiguas. Adicionalmente, vimos que Jesús dijo que no era un dios y no daba vida [5], contradiciendo lo que Juan e incontables evangelistas dicen sobre él. Y como se mostró anteriormente, Mesías o ungido puede ser cualquier persona con un mandato, de los que han existido miles.

Razones sobran para confirmar que Jesús no fue el Mesías y que no descendió de David. La descendencia de Jesús puede ser de Natán, no David, y la historia dice que es hijo del romano Pandera. Jesús vino durante el tiempo que el templo de Jerusalén fue destruido, no reconstruido como hubiera hecho el Mesías. Tampoco logró reunir a todos los judíos en Israel y las peores guerras se desataron después de su nombre después de su muerte. Jesús mostró ser todo lo opuesto al Mesías.

Además, según Mateo 5:17, Jesús indica ser simplemente otro cumplidor de la ley y no el Mesías, *"No penséis que he venido para anular la ley o los profetas, no he venido para anular, sino para cumplir."* Recuerden también Números 23:19 [5], *"Dios NO ES UN HOMBRE que debe mentir; tampoco un HIJO DEL HOMBRE que debe arrepentirse."*

Evidencia de que Jesús no era el Mesías abunda. Los judíos han visto a Jesús como a uno de tantos falsos Mesías que aparecieron a lo largo de la historia, y con mucha razón. Se le ve como el que más ha influido en su pueblo y, por ello, el que más daño ha causado. El judaísmo nunca aceptó ninguna de las profecías que los cristianos atribuyen a Jesús porque él no las dijo. Los autores bíblicos añadieron algunas de esas profecías después que sucedieron, y las prerrogativas que anunciaban la venida del Mesías no ocurrieron. Estas son más razones por las que no se puede considerar a Jesús siquiera como candidato a Mesías [6].

Si Jesús no da vida, no acepta adoraciones, no cumplió con la profecía del Mesías, no es dios, y sólo vino a cumplir la ley, vemos que Jesús no fue ni el Mesías, ni el supuesto hijo de dios; sólo el invento de autores que se atrevieron a disfrazarlo como algo que no era.

No hay fe, ni dios, o salvador que buscar. La religión es un cuento que roba nuestra atención, vida, fidelidad, y dinero. Dios es todo y ese todo no nos cobra, no nos asusta, no nos miente, no nos oprime o doblega a su creencia, porque creer son tinieblas y saber es luz; la verdad es lo que es, y es lo que somos.

"Es inmoral sostener una opinión para ganarse el favor de otro; mercenario, servil y contrario a la dignidad de la libertad humana de ceder y someterse; sumamente estúpido creer por costumbre; Es irracional decidir según la opinión mayoritaria, como si el número de sabios excediera el número infinito de tontos." – Giordano Bruno.

---

[1]   www.worldviewsummit.org/post/what-does-bible-has-no-errors-mean

[2]   www.msn.com/en-us/news/world/archaeologists-uncover-biblical-truth-in-town-captured-by-pharoah/ar-AA1jZ7ah?ocid=msedgntp&cvid=aabcedb1eef842f59b31f9676ed2594b&ei=12

[3]   es.wikipedia.org/wiki/Pistis

[4]   en.wikipedia.org/wiki/List_of_organizations_with_consultative_status_to_the_United_Nations_Economic_and_Social_Council

[5]   Juan 5:40, Números 23:19

[6]   es.wikipedia.org/wiki/Mesías

Capítulo X: *Palabras Para Reflexionar*

Si hacemos una breve comparación entre los dogmas de la creencia terrestre y la forma en que el universo funciona, nos daríamos cuenta que la naturaleza no funciona como la religión describe, sino por medio de nuestra interacción con ella. La creación no nos habla por medio de libros o terceras personas, sino por la expresión viviente de su propia fuente tanto mineral como vegetal, animal, y espiritual. Tal como funciona el universo, así es como debemos de vivir, en sintonía con el, no en contra o según doctrinas impuestas por hombres que nada conocen de lo que es la existencia de la creación infinita.

Esto va más allá de cualquier mente, porque la creación infinita es mucho más poderosa, mucho más grande, que cualquier mente humana pudiera llegar a describir e imaginar. La respuesta de cómo y por qué vivir no se encontrará en ningún libro antiguo que solo ha servido para insultar la inteligencia infinita con indescriptible insolencia y no reconoce el majestuoso concepto eterno de lo que es una verdadera creación cósmica.

El que habla de la creación y el propósito de ésta sin conocerla verdaderamente, solo por medio de un libro de incierto origen y fuente como lo es la biblia, es un amateur de la vida y nada menos que un desvió para la evolución del que quiera dejarse adoctrinar, y alguien que destruye el verdadero significado de vivir, retrasa el potencial humano, y demuestra la enorme soberbia de una mente poco sabia cuyo único interés es someter a otros a sus propias creencias.

La existencia o creación no tiene secretos ni misterios. Como es mucho más extensa que nuestra capacidad mental de comprensión, nos requiere mucho tiempo para llegar a entender su funcionalidad y las raíces de su origen. La creación es un ambiente de aprendizaje que nos da la oportunidad de sincronizar con ella. No es un objeto de adoración, tampoco algo que se debe desconocer. Más bien, somos parte de la creación, y vivimos para llegar a integrarnos en la totalidad de su diseño, no para ignorarla como si fuéramos seres transitorios sin propósito en su vasto entorno.

La religión no nos enseña como funcionar con la creación. En sí, enseña a sus feligreses que no hay necesidad de investigar los misterios del cosmos porque este existe solamente para adornar los cielos, y si no fuera así, la biblia nos hubiera dado más detalles. Es esa forma de pensar—sin reconocer que las civilizaciones antiguas que escribieron los textos bíblicos carecían de un desarrollo científico adecuado—que llevó a la iglesia a atacar a la ciencia y condenó a muchos como Giordano Bruno y Galileo Galilei al encarcelamiento y la muerte. Para personas que creían que los astros eran dioses flotando sobre una cúpula no muy alta, y no tenían telescopios, no tuvieron nada más que decir sobre el cosmos, demostrando que su religión no hizo nada para que conocieran un más allá, solo el polvo terrestre donde se quedaron atrapados.

Desde los tiempos antiguos, la ceguera religiosa causó que la creación se ignore, malinterprete, robe, y en muchos casos se destruya la humanidad. La mayoría de las religiones todavía no acepta que hay vida en otros mundos y no se interesa por educar a sus feligreses sobre los logros científicos y cosmológicos de nuestra era. Más bien, se estancaron en las creencias de hacen 6.000 años atrás y de ahí no salen. No saben hablar de otra cosa más que de tener fe, la ineptitud humana, el castigo, el pecado y la salvación; parecen un disco rayado y es algo que ya cansa.

La religión sigue enseñando una dependencia celestial que no ha sido comprobada, mientras repudia cualquier intento de refutar la edad de la Tierra, los eventos del diluvio, las falsas referencias bíblicas, y las mentiras que forjaron a lo largo de los siglos para hacer ver a ese hombre llamado Jesús como un dios. Cada día, los líderes religiosos no pierden un solo momento tramando nuevas trampas para seguir asustando a sus feligreses con el fin de que no encuentren evidencia en su contra o se den cuenta de la verdadera razón por la que existimos.

Cuando encaré a estos líderes sobre sus enseñanzas falsas con evidencia en mano, me echaron del servicio como un hereje y su respuesta fue programada, breve e insolente; "nos regimos solamente por la nueva versión bíblica internacional, dios protege su palabra, y es lo que necesitamos para ser salvos, todo lo demás es una pérdida de tiempo." No les importaba investigar sobre las fuentes textuales, la larga historia de manipulación humana, y mucho menos la verdad. Solo les importaba convertir a la gente en seguidores ignorantes que no piensan ni pueden reconocer la verdad desde su propia consciencia, así asegurándose una fuente de constante suministro financiero.

"Toda religión, amigo mío, simplemente se desarrolla a partir del fraude, el miedo, la codicia, la imaginación y la poesía."
– Edgar Allan Poe

- *Reemplazar, mentir, promover*

La ciencia médica reemplazó el uso de las hierbas naturales por pastillas sintéticas, y el sistema cambió el concepto de una disciplina y conocimiento universal por una ley humana restrictiva. La religión reemplazó la necesidad de conocer más de la creación por un miedo a una consecuencia de recibir un castigo eterno. Pero un alma sabia no controla o restringe, vive para mejorarse a sí mismo y solo está dispuesta a compartir de corazón todo aquello que fue aprendiendo cuando se le pide. Como toda dictadura, la religión te impone como se debe vivir y qué hacer sin pedirte permiso.

En resumen, queda verdaderamente expuesto y evidenciado que la religión ha sido el mayor negocio fraudulento, el retraso más significativo de la evolución humana, y la peor desgracia que le pudo haber ocurrido a este mundo. Ha sido un hechizo para personas vulnerables buscando no sentirse vacías y también pidiendo consuelos milagrosos. Solo ha servido para esclavizar a tantas personas por tanto tiempo, llenándolas de miedos, culpas, castigos y falsas promesas, enfrentándolas unas con las otras por medio de guerras.

No es fácil desaprender todo lo que nos han inculcado por los siglos, haciéndonos creer en miles de mitos del antiguo mundo indoeuropeo. Hay que liberarse de todas esas falsas creencias para ser verdaderamente libres y poder evolucionar bajo nuestro propio concepto y comprensión de lo que es la existencia. No vivamos dependiendo y confiando de otros. Tengamos la voluntad y el valor de buscar la verdad bajo nuestro propio criterio, empezando con nuestro corazón.

Cada religión asegura que las demás religiones son falsas. En realidad, todas están en lo correcto porque todas "son" falsas. No es coherente creer que algún dios exista simplemente porque las religiones, los teólogos y los creyentes lo afirmen. Primero, tienen que mostrar textos originales y comprobar que lo que dicen es cierto. Por tantos siglos, el sistema religioso creó una enormidad de dichos que están en discrepancia y no dejan de estar en constante desacuerdo unas de las otras. Esas discrepancias, las mismas religiones las pasan por alto, mostrando una lista de textos que fueron reemplazados intencionalmente para sus propios fines doctrinales. De la manera en que esos textos fueron acomodados y después presentados al público, la religión no ha hecho más que crear una adicción para el lector creyente; eso es lo que hace difícil la tarea de liberarse de una creencia. La palabra Dios, el cómo adorarlo, el pecado y la culpa fueron, siguen y seguirán siendo algunas de las más fuertes adicciones.

Para quitar nuestras dudas sobre la existencia y cualidades de Dios, primero hay que considerar a todos los dioses habidos y por haber, en todas las religiones, en todos los tiempos, y ver si de repente uno de ellos es el verdadero. Eso es imposible seleccionar entre miles de millones de dioses. También, es difícil aceptar la existencia de cierto dios sin tener alguna prueba contundente, o si solo es el resultado de una fantasía mental.

De la misma manera, no es fácil elegir una religión sin primero investigar a fondo todas sus doctrinas y prácticas, pero esto requiere mucho tiempo y esfuerzo. Por tal razón, muchos aceptan pertenecer a un tipo de religión, influenciados por la imposición de la familia, el sistema y la sociedad. También, por la insistencia de misioneros evangelistas y el carisma de un ministro sin tomar en cuenta en que prácticas se están comprometiendo. ¿No funciona así la influencia política o de mercado?

La discordia entre las religiones muestra que hay diferencias entre sus creencias y sus dioses, y la fuente de tal contrariedad nace del mismo libro que comparten; la biblia. Los cristianos creen que el personaje de Jesús es el salvador del mundo e hijo de Dios, pero los judíos no y siguen esperando a su Mesías. Los musulmanes creen que el Corán tiene la autoridad divina, mientras los judíos y los cristianos no. El cristiano tradujo el Viejo Testamento a su manera, pero el judío lo lee usando prácticas antiguas como la gematría en su idioma normal. Si a estas discrepancias le sumamos que la biblia contiene incontables errores que provocan divisiones y a su vez enemistades entre sus seguidores, nos damos cuenta de que las religiones no son un ejemplo a seguir y no son firmes con sus escritos.

Imagen 44: Miles de religiones (*wepik.com*)

El cristianismo se compone de varias doctrinas y creencias, pero no todas coinciden entre sí. Un ejemplo claro es la creencia por parte del catolicismo de la virginidad de la madre de Jesús, algo que muchas iglesias protestantes rechazan. Algunas religiones cristianas usan diez mandamientos, mientras otras usan nueve. Otras no creen que Jesús es el hijo de Dios, y otras no aceptan a las mujeres como cabeza de las iglesias. El arma más letal en el arsenal que la religión usa para asustar al mundo es la profecía del fin de los tiempos, algo que cada una interpreta de manera diferente incluyendo fechas y eventos futuros [1]. También es notable ver que las religiones abrahámicas practican una sepultura final e ignoran la palabra *palingenesia* [2], mientras que el hinduismo, el budismo y otras religiones incluyendo ramas judías y musulmanes creen en el ciclo de la reencarnación.

El verdadero abuso del poder religioso se basa en el convencer a una mente poco desarrollada, no preparada, y desprevenida que está confundida y necesita ordenarse, que está desesperadamente perdida y hay que guiarla, que no es digna de la vida por su tendencia a cometer errores y que hay que salvarla, que son corderos ineptos y que necesitan ser dirigidos, que es débil y que necesita un líder, y que no debe comprender más de lo que su propia fe encierra. La religión ha creado tal nivel de dependencia y confusión por todo el mundo que aquel que se dé cuenta de tal engañoso fraude será tomado por loco y condenado de la peor forma.

Es muy difícil entablar un diálogo con una persona que practica su religión a raja tabla porque su mentalidad teológica no lo dejará pensar por sí mismo, y sus acciones y modo de vida muchas veces se limitarán a sus propias creencias. Se le puede explicar que hay incongruencias en su propio libro, la biblia, con pruebas, y aun así seguirá creyendo que debe haber motivo por la que su dios mató bebés, niños, permitió esclavizar, y pobló un mundo a través del incesto. Un dios que al arrepentirse de crear al hombre [3] acepta su error, pero ahoga a todos los humanos menos a otros que fueron salvados en un arca en vez de hacerse responsable de sus hijos y ayudarlos. Un dios que no sabe lidiar con problemas, solo por medio de matanzas. Hay muchas cosas más que todo ser con razonamiento propio debería de cuestionar y no ignorar, dejando de creer lo que un libro poco creíble o un supuesto líder religioso inculque a sus seguidores sin ser cuestionado.

Si el que te ofrece salvación es la misma persona que te amenaza con algún castigo o rebaja tu auto estima, eso no es salvación. Eso es terrorismo y extorsión.

En conclusión, todas las religiones están basadas en conceptos inconsistentes que se contradicen entre sí, causando conflictos y convirtiendo este mundo en un infierno.

Dejemos de creer en dioses, y comencemos a creer en nosotros mismos. Eso es lo que nos llevará al sendero de la libertad, porque la verdad nos hará libre.

"No se necesita de una religión para tener una moral. No se necesita a la religión para diferenciar entre lo que está bien y lo que no. Lo que se necesita es conciencia, no religión."

"Si el primer botón de tu camisa no está bien alineado, todos los demás estarán chuecos ... la Luz divina está siempre en el

hombre, mostrándose a sus sentidos y a su comprensión, pero el hombre la rechaza.” – Giordano Bruno.

---

[1]   *en.wikipedia.org/wiki/Apocalypticism*
[2]   *es.wikipedia.org/wiki/Palingenesia*
[3]   Génesis 6:6

Sobre El Autor

Nacido en el 1957, el autor experimentó visitas a otros mundos, presenció varias naves no de este mundo, y fue visitado por seres no terrestres desde muy pequeña edad. Estas visiones y contactos continúan hasta los días presentes tanto despierto cómo en estado de sueño.

Robert estudio piano desde la edad de tres años, pero cambió su carrera a la ciencia y la teología después de tener estas extraordinarias experiencias y haber recibido sabiduría de estos seres avanzados. Él funcionó como ministro detrás de púlpitos, en cárceles y hospitales. Dio a conocer sus conceptos por medio de conferencias y entrevistas, y escribió libros por más de 40 años. Este libro es la culminación de lo que él aprendió de sus experiencias e investigaciones, compartido con el mundo por primera vez.

9 798872 417040